CYMRU GUDD

CYMRU GUDD

Straeon a ffotograffau am leoliadau angof Cymru

DYLAN ARNOLD

y olfa

Argraffiad cyntaf: 2023
ⓗ Hawlfraint Dylan Arnold a'r Lolfa Cyf., 2023

Hawlfraint 'Blaen y Cae', 'Tyddyn Crydd,' 'Cau Hen Gapel': Cen Williams.
Hawlfraint 'Eglwys Rhos Beiro': Siân Llywelyn

Mae hawlfraint ar gynnwys y llyfr hwn ac mae'n
anghyfreithlon llungopïo neu atgynhyrchu unrhyw ran ohono trwy
unrhyw ddull ac at unrhyw bwrpas (ar wahân i adolygu) heb gytundeb
ysgrifenedig y cyhoeddwyr ymlaen llaw.

Derbyniwyd caniatâd i gyhoeddi lluniau a cherddi yn y gyfrol hon.
Ond, yn achos rhai lluniau, er ymchwilio, ni chanfuwyd pwy
sydd berchen ar yr hawlfraint.

Dymuna'r cyhoeddwyr gydnabod cymorth ariannol
Cyngor Llyfrau Cymru

Y clawr a dylunio: Dylunio GraffEG

Rhif Llyfr Rhyngwladol:
978 1 80099 191 0

Cyhoeddwyd ac argraffwyd yng Nghymru
ar bapur o goedwigoedd cynaliadwy gan
Y Lolfa Cyf., Talybont, Ceredigion SY24 5HE
e-bost ylolfa@ylolfa.com
gwefan www.ylolfa.com
ffôn 01970 832 304

I'm rhieni, Dewi a Dilys Arnold,
a'm plant, Elis a Tomos Arnold

Diolchiadau

I ddechrau y diolch mwyaf i'm rhieni, Dewi a Dilys Arnold, am bopeth dros y blynyddoedd – am fod yno'n wastad i mi ac am eu cariad a'u cefnogaeth gyson. Diolch yn fawr i fy mrawd, Iwan Arnold am rannu lleoliadau ac am ei gefnogaeth a'r hwyl.

Diolch enfawr i Carys Owen a Derrick Owen am y croeso cynnes, ac yn enwedig i Carys am rannu ei hatgofion tyner am Dan y Marchlyn. Y sgwrs honno a blannodd yr hedyn am y gyfrol hon.

Diolch o waelod calon i Cen Williams am ei garedigrwydd, ei ddiddordeb a'i haelioni wrth gyfrannu ei gerddi ysbrydoledig.

Diolch arbennig i Siân Llewelyn, am ei charedigrwydd, ei thalent ac am gael ei hysbrydoli gan fy ngwaith.

Diolch i'r Eglwys yng Nghymru am ei caniatâd i dynnu lluniau o'i hadeiladau.

Diolch i'r Lolfa am ymddiried ynof ac yn enwedig i fy ngolygydd brwdfrydig, gofalus ac amyneddgar, Marged Tudur.

Diolch o galon i'r canlynol: Goronwy Lewis, Dewi Lewis, Ken Jones, Derek Roberts, Gwen Owen, Sioned Owen, Eleanor Roberts, Dorothy Jones, Margaret Hughes, Anita Evans, Karen Morton, Julie Knox, Pred Hughes, Mabon ap Gwynfor, Hefina Roberts, Margaret Hughes, Einion Jenkins, Enoc Jenkins, Dafydd Jenkins, David Jenkins, Hugh Rowlands, Mair Rowlands, Anthony Yendle, Joan Yendle, Angharad Tomos, Sally Silyn Roberts, Nan Elis, Alwyn Elis, Eirian Roberts, Frances Richardson, Harvey Lloyd, Simon Confino, Jayne Tetlow, Jerry Tetlow, Jane Colbran, Peter Johns, Andy Campion, Jack Smith, Michael Forbes Buthlay, John Lawson-Reay, Regan Sloan, Jennie Sloan, Gareth Jones, Peter Smith, Norma Pollak, Eon ap Ifan Roberts, Tim Jones, Nick Collins, Neil Straughan, Dara McGrath, Colin Barber, John Dilwyn Williams, Mike Massarelli, Eluned Jones, John Jones, Chris Brady, Dilys Prydderch, Hefina Lloyd Williams, Jessie Jones, Rob House, Gina Latham, Dafydd Wyn Finch, Jen Nemeth, Katie Allison, Sulwen Williams, Eryl Williams, Beryl Croft, Kevin Jones, Gwilym Hughes, John Robert Jones, Tomi Gwilym Hughes, Sian Teleri Hughes, Alan Hughes, Einir Ellis, Arthur Jones, Brian Jones, Jane Easden, Anne Work, Alan Heason, Mary O' Donnelly, Mark O' Donnelly, Heddwyn Hughes, Bleddyn Owen Huws, Robert Warburton, Nia Mair Watkin Powell, Eleri Evans, Helen Peters, David Peters, Gareth Williams, Huw Williams, Una Fromel, John Price, Gwyn Roberts, Eluned Jones, Lian Jones, Geraint 'Panorama' Thomas, Geraint Owen, Owen Wyn Owen, Hefina Williams, Teulu Aneirin Parry, Gerallt Pennant, Rachel Lloyd, Aled Hughes a BBC Radio Cymru, Papur bro *Y Ffynnon*, Meical Roberts Llun Mewn Ffrâm, Megan Cynan Corcoran, Siop Lyfrau'r Hen Bost Blaenau Ffestiniog, a phawb arall sydd wedi fy helpu ar hyd y siwrnai!

CYNNWYS

Cyflwyniad	8
Tan y Marchlyn, Deiniolen	11
Tan y Garret, Dinorwig	13
Cae Newydd, Gwaun Cwm Brwynog	18
Caerfadog Uchaf, Cwm Pennant	21
Llwyn y Betws, Cwm Pennant	26
Llety Gwilym, Llan Ffestiniog	30
Pont Felinrhyd, Maentwrog	33
Blaen y Cae, Trawsfynydd	35
Y Sbienddrych, Corris	36
Tyn y Maes, Cwm Cywarch	38
Eglwys Sant Tydecho, Llanymawddwy	41
Tŷ Hir, Tre'r Ddôl	42
Ffatri Ferodo, Caernarfon	48
Penddelw Nelson, Caernarfon	50
Capel Chwarel Dorothea, Dyffryn Nantlle	54
Brynllidiart, Cwm Silyn	56
Bryn Gwyn, Ysbyty Ifan	61
Nyth Brân, Capel Curig	65
Ffynnon Llyffant a Llyn Dulyn, Y Carneddau	89
Adeilad P6, Ffatri Arfau Cemegol Rhyd-y-mwyn	95
Capel Newydd Nanhoron, Pen Llŷn	96
Efail Galedrydd, Pen Llŷn	101
Crindir, Pen Llŷn	112
Corlwyni, Eryri	134
Oerddwr Uchaf, Beddgelert	138
Eglwys Sant Peirio, Rhosbeirio	144
Isle of Man, Llanrhuddlad	147
Tyddyn Crydd, Llangadwaladr	150
Capel Mwd, Penygraigwen	154
Melin Hywel, Llantrisant	159
Capeli	165
Llyfryddiaeth	172

CYFLWYNIAD

Lle bu unwaith fwrlwm a phrysurdeb, mae'r mannau cudd ac angof hyn bellach yn sefyll mewn tawelwch ond wrth graffu a gwrando, mae straeon yn aros i gael eu canfod.

Tyfodd egin syniad *Cymru Gudd* yn sgil fy nghariad oes at fforio llefydd diarffordd. Ffotograffydd tirluniau ydw i yn fy amser hamdden a dechreuais syrffedu ar dynnu lluniau o leoliadau poblogaidd, lle roedd modd gweld olion cannoedd o ffotograffwyr a fu yno o 'mlaen. Ambell waith roeddwn i'n dal tirlun efo murddun yn y cefndir i ychwanegu diddordeb. Yn raddol, daeth y murddunnod dirgel hyn yn fwy blaenllaw yn fy lluniau ac roeddent yn ennyn mwy o ddiddordeb ynof na'r tirwedd ei hun.

Fel sawl un, dwi wastad wedi cael fy nenu at safleoedd cudd ac adfeilion. Caiff fy nychymyg ei danio wrth feddwl beth fyddai'r waliau yn ei ddweud tasan nhw'n gallu siarad. Y wefr fwyaf ar y siwrnai hon oedd deall bod yr hyn a ddigwyddodd go iawn rhwng pedair wal yr adfeilion hyn yn llawer mwy diddorol, dirdynnol a rhyfeddol na'r straeon y gallwn i fod wedi eu dychmygu.

Dywedodd rhywun un tro fod harddwch mewn dadfeiliad. Mae'r geiriau hynny wedi aros efo fi a dwi'n trio adlewyrchu hynny yn fy lluniau. Wrth i ni fynd yn hŷn, daw ôl creithiau ein byw a'n bod yn fwy amlwg arnom, ac mae'r llefydd arbennig hyn yn union yr un fath. Maent yn llawn olion hanesion y bobl a fu'n byw a gweithio yno – mae yma arwyddion o gysur a chaledi, o harddwch a garwder, o lawenydd a thristwch.

Fel arfer, mae adeiladwaith a godwyd efo cyfoeth materol yn cael eu gwarchod – yn gofebau, ystadau a phlastai. Anaml y rhoddir yr un sylw i gartrefi, mannau gwaith a chanolfannau cymunedol pobl gyffredin. Maent yn cael eu hesgeuluso a'u hanghofio. Gobeithio y bydd *Cymru Gudd* yn rhoi'r sylw dyledus i'r lleoliadau hyn a'r bobl a fu'n trigo ynddynt, cyn iddynt ddirywio ymhellach a diflannu'n llwyr.

Mae i'r lleoliadau hyn straeon o bwys – am fywydau pobl yng nghefn gwlad, am bwysigrwydd teulu a chymuned, ac maent yn gofebion i'r newidiadau cymdeithasol sydd i'w gweld hyd heddiw fel cau hen gapeli a datblygiadau cyfnod yr Ail Ryfel Byd a arweiniodd at ddechrau'r oes niwclear.

Mae'r delweddau a'r straeon yn ysgogi cymysgedd o emosiynau i mi – yn hapusrwydd, tristwch, cariad, rhyfeddod, hiraeth a cholled. Ac felly yn union y mae bywyd ei hun. Gobeithio y bydd y delweddau a'r straeon yn cyffwrdd â'ch emosiynau chi fel darllenydd ac y gwnewch deimlo rhyw gyswllt â nhw.

Mae tynnu'r lluniau i'r gyfrol hon ac ymchwilio i bob lleoliad wedi rhoi pleser eithriadol a sawl antur i mi. Gan amlaf y cyffro o ddod o hyd i'r safleoedd am y tro cyntaf sydd wedi rhoi'r mwynhad mwyaf i mi, ond mae siarad ag unigolion, teuluoedd a phobl sydd â chysylltiad â'r lleoliadau, gan ddyrchu i'w storïau personol wedi bod yn fraint enfawr. Bûm yn ffodus i gael tywys dau deulu yn ôl i gartrefi eu plentyndod, sef Nyth Brân a Crindir. Bu tystio i'r gorffennol a'r presennol yn dod ynghyd, a hapusrwydd y teuluoedd, yn siwrnai unigryw ac arbennig a fydd yn aros efo fi.

Des i wybod am y rhan fwyaf o'r lleoliadau drwy

gysylltiadau, gwybodaeth leol a chryn dipyn o ymchwil a dyfalbarhad. Wrth fynd ar goll, drwy lwc, neu drwy ddigwydd taro sgwrs â chymeriad difyr y des i ganfod rhai o'r lleoliadau gorau.

Ni fyddai prosiect Cymru Gudd, sydd wedi arwain at y gyfrol hon, wedi bod yn bosib heb gefnogaeth a chyfraniad nifer o bobl garedig a hael. Hoffwn ddiolch o waelod calon i bawb a fu o gymorth i mi ar hyd y daith. Am rannu gwybodaeth, barddoniaeth, hen luniau, cyfeiriadau, allweddau i adeiladau, am roi caniatâd i mi grwydro, am ambell reid mewn Land Rover, am baneidiau a chacennau. Diolch i bobl am ymddiried ynof wrth rannu eu straeon personol efo fi. Ni allwn fod wedi llunio'r gyfrol hon hebddynt.

Ymdrechais i sicrhau fod y storïau mor gywir â phosib. Rhaid cofio fod y rhan fwyaf o'r straeon personol sydd yma wedi cael eu trosglwyddo ar lafar drwy deuluoedd, ffrindiau a chydnabod a hynny weithiau dros sawl cenhedlaeth. Wedi eu cofnodi yma mae llu o atgofion o amser pell yn ôl. Wrth gwrs, mae unigolion gwahanol yn cofio atgofion yn wahanol a rhaid derbyn nad yw cof pawb yn gwbl gywir bob tro. Ond dwi wedi cofnodi'r hanesion fel y cawsant eu hadrodd i mi gan y cyfranwyr.

Nid penllanw'r prosiect yw'r gyfrol hon. Dyma obsesiwn sydd wedi tanio fy angerdd at ddod o hyd i fwy o drysorau cudd a dysgu mwy am hanesion cyfareddol pobl a fu'n trigo mewn cuddfannau. Dim ond y dechrau yw hyn.

Dylan Arnold, Medi 2023

GAIR I GALL

Os ydych yn bwriadu mynd i ymweld â'r lleoliadau sydd yn y gyfrol hon, sicrhewch eich bod yn cael caniatâd y tirfeddiannwr yn gyntaf. Gofalwch eich bod yn parchu'r lleoliadau, heb gymryd dim oddi yno, a chan adael dim ond olion traed.

Mae adfeilion fel hyn yn gallu bod yn fregus a pheryglus. Byddwch yn ymwybodol o'r risgiau sydd ynghlwm â'r safleoedd hyn, a byddwch yn ofalus, er mwyn eich diogelwch personol, ac er mwyn peidio achosi difrod pellach i'r lleoliadau.

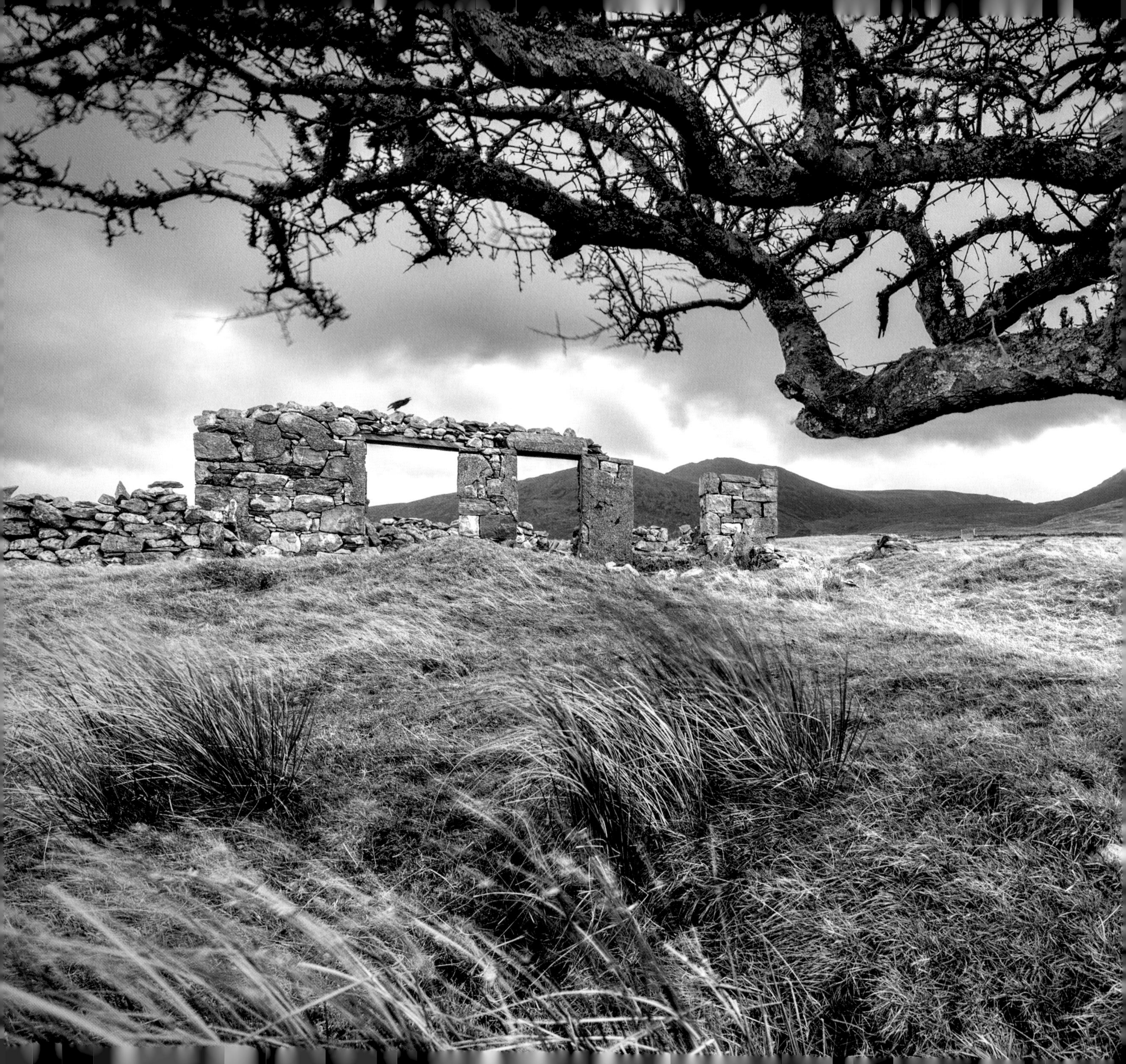

TAN Y MARCHLYN, DEINIOLEN

Ar ôl tynnu ffotograff o'r adfail hwn, fe'i postiais ar y cyfryngau cymdeithasol. Gwelodd dynes o'r enw Carys Owen y ffotograff a nododd ei bod yn arfer byw yno pan oedd yn blentyn. Cysylltais â hi ac fe gytunodd i mi ei chyfweld. Treuliasom ddwy awr ddifyr yn sgwrsio am ei bywyd yno. Ganed Carys yn 1944, yr ieuengaf o wyth o blant a fu'n byw yn Nhan y Marchlyn. O'r wyth ohonynt, roedd pedwar brawd a phedair chwaer sef Blodwen, Ann, Bob, Mary, Arthur, John, Gwynfor a Carys ei hun.

Bob o flaen Tan y Marchlyn.
(Llun: Carys Owen)

Adroddodd Carys hanes sut y bu i Jane Ellen Jones, ei mam weddw, fagu'r plant ar ei phen ei hun yn y bwthyn un llawr, heb drydan na dŵr yn y tŷ. Cynorthwyodd y plant eu mam drwy ddiddanu eu hunain, gwneud tasgau o gwmpas y tŷ a gwneud neges. Byddent yn danfon bara i'w cymdogion ac weithiau byddent yn cael cacen am eu trafferth. Roedd bywyd yn galed ar bensiwn gwraig weddw, ac nid oedd yr arian yn mynd yn bell gyda naw ohonynt i'w bwydo. Bu iddynt oroesi rhai gaeafau caled dros ben, pan oedd yr eira yn eu cau yn y tŷ a hwythau heb lawer o lo i'w losgi. Ar brydiau byddai Jane Ellen yn llosgi carpiau er mwyn iddi fedru berwi dŵr. Ni allai

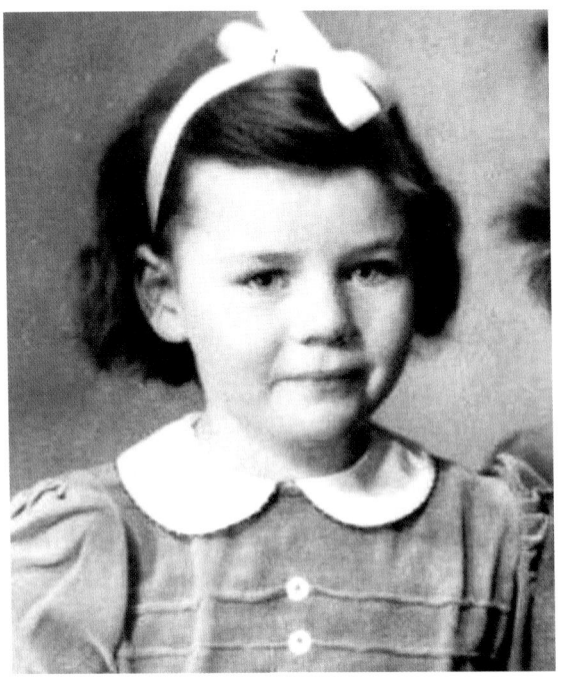

Carys yn hogan fach. (Llun: Carys Owen)

Tan y Marchlyn – Rhes gefn (chwith i'r dde), Blodwen, Bob. Rhes flaen (chwith i'r dde), Mary, Arthur, Ann. (Llun: Carys Owen)

Bob ac Ann. (Llun: Carys Owen)

Y teulu yn yr ardd. (Llun: Carys Owen)

Carys a'i chyfneither Bronwen. (Llun: Carys Owen)

Gwynfor, Jane, Ellen a Carys. (Llun: Carys Owen)

Carys o flaen Tan y Marchlyn a 'Choeden Bob'.

Carys gofio cael stumog lawn erioed, ond roedd pob un ohonynt yn iach ac yn fodlon. Gyda'r nos, arferai'r teulu ganu emynau a byddai Bob, y brawd hynaf, yn chwarae ei acordion, a phawb yn canu i'w gyfeiliant. Y Beibl oedd yr unig lyfr yn y tŷ. Arferai'r plant ddarllen tudalennau'r papur newydd y byddai'r groser lleol yn ei ddefnyddio i leinio'u basgedi siopa. Ar ôl darllen pob gair, byddai'r papur yn cael ei dorri'n sgwariau ac yn cael ei hongian ar beg yn y toiled tu allan, i'w ddefnyddio fel papur tŷ bach. Cofiai Carys fod gan ei mam a'i brodyr synnwyr digrifwch da. Pan fyddai eu mam yn hepian cysgu yn y gegin, byddai'r bechgyn yn clymu careiau ei hesgidiau efo'i gilydd neu'n clymu llinynnau ei ffedog i gefn y gadair yr oedd yn pendwmpian ynddi.

Gadawodd y teulu Tan y Marchlyn yn 1954 i symud i dŷ cyngor newydd yn Neiniolen, y pentref agosaf. Roedd gan y tŷ newydd drydan a dŵr tap, a hyd yn oed risiau i fyny at y lloftydd. Chwarddodd Carys wrth gofio'r teulu yn symud i mewn i'r tŷ newydd, a'r plant yn troi switsys golau'r ystafelloedd i gyd ymlaen dro ar ôl tro, a rhedeg i fyny a lawr y grisiau yn ddiddiwedd am ei fod mor gyffrous. Doeddent ddim wedi arfer â moethusrwydd fel hyn o'r blaen. Ni ddaeth unrhyw un arall i fyw i Dan y Marchlyn wedyn. Ni wnaeth Stad y Faenol, perchnogion y tŷ, ei gynnal a'i gadw ac fe'i gadawyd i ddirywio'n raddol i'r gragen sydd yno heddiw.

Byw yn Nhan y Marchlyn oedd 'blynyddoedd gorau' bywyd Carys a phan fydd yn ymweld â'r lle, cred ei bod yn dal i allu arogli bara ei mam yn crasu a chlywed lleisiau ei theulu yn canu. Pan fu farw Bob yn 1987, cafodd ei lwch ei wasgaru o amgylch y goeden, sef 'Coeden Bob' fel y'i gelwir gan y teulu.

TAN Y GARRET, DINORWIG

O bentref Dinorwig, mae Lôn Garret yn codi'n serth dros lethrau Elidir Fach i uchder o bron i fil a hanner o droedfeddi. Mae ffordd gul yn ymestyn yn syth i fyny at ran uchaf chwarel Dinorwig a elwir 'Y Garret' neu'r 'Giarat' ar lafar yn lleol. Ystyr 'Garret' yw llawr uchaf tŷ. Tan y Garret yw'r bwthyn diwethaf un ym mhen Lôn Garret, er ei fod yn adfail ers nifer o ddegawdau bellach. Disgrifiwyd Tan y Garret fel y tŷ uchaf yng Nghymru ac mae'n sicr yn teimlo felly wrth edmygu'r golygfeydd dramatig o Lyn Padarn draw at yr Wyddfa o'i ddrws ffrynt.

Y plentyn olaf a aned yn Nhan y Garret oedd Goronwy Lewis ar y 24ain o Ragfyr 1935. Goronwy oedd yr ieuengaf ond un o saith o blant a aned i Joseph a Katie Lewis. William oedd y plentyn hynaf, yna Eluned, Harry, Olwen, Ralph, Goronwy ac Alun. Ni chafodd Alun ei eni yn Nhan y Garret oherwydd roedd y teulu wedi symud i Hafod y Braich, Dinorwig, erbyn 1940 pan oedd Goronwy yn bump oed.

Ganwyd Katie Lewis ym Mryn Sardis, y tŷ ar waelod Lôn Garret. Symudodd i fyny'r lôn i Dan y Garret ar ôl iddi briodi Joseph, a oedd yn enedigol o Lanrhuddlad, Ynys Môn. Chwarelwr oedd Joseph a phan oedd Goronwy yn ddyn ifanc bu yntau yn gweithio gyda'i dad yn chwarelu yn y Garret am gyfnod. Aelod arall o'r teulu

Y machlud uwchben Tan y Garret, gyda rhan uchaf Chwarel Dinorwig, sef y Garret, yn y cefndir.

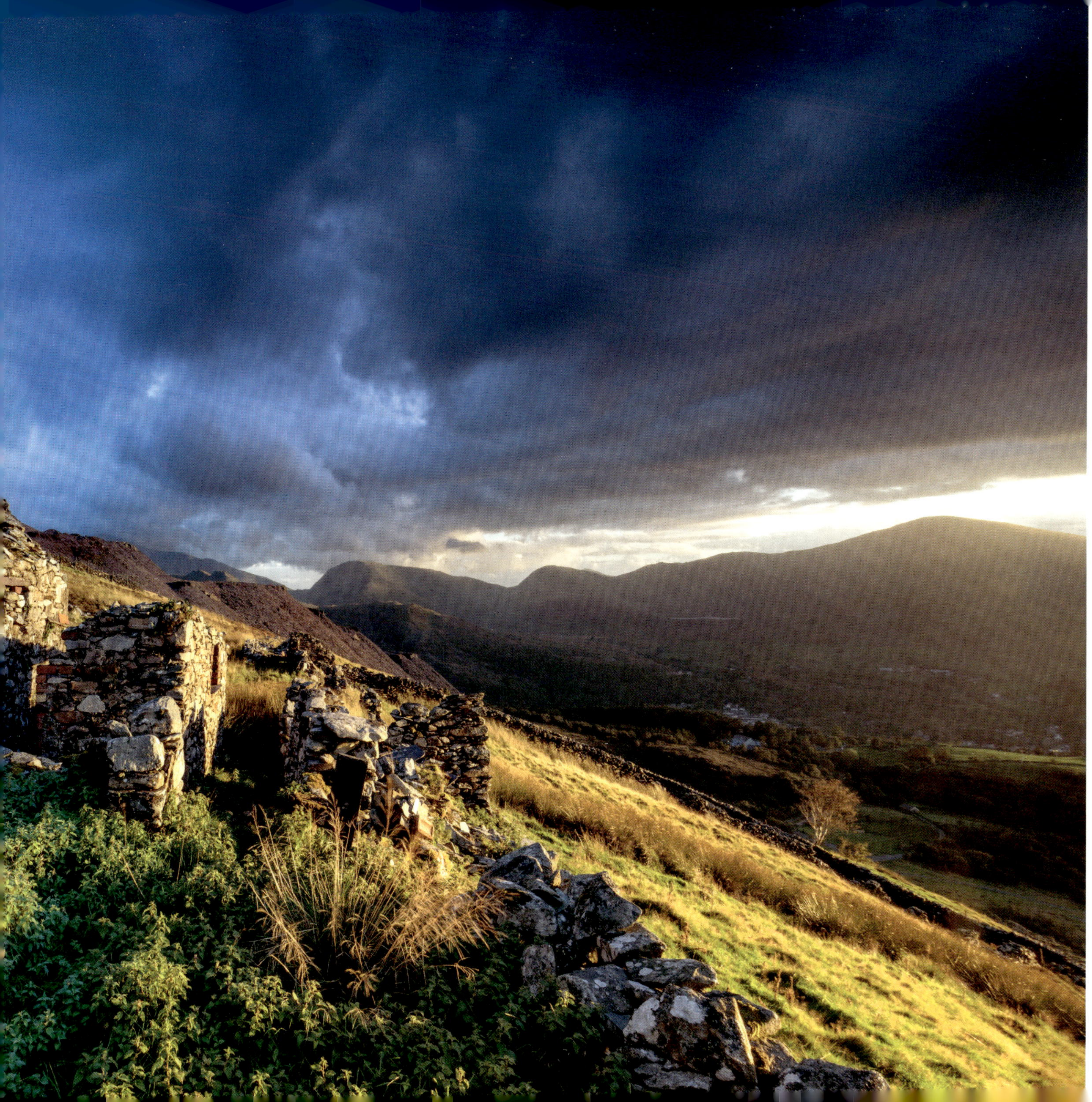

Edrych i lawr ar gefn Tan y Garret a Llyn Padarn.

a fu'n gweithio gyda nhw oedd mab brawd Joseph, sef Wil Bach fel y'i gelwid. Trigai Wil yn Rhosgadfan ond byddai'n lletya gyda'r Lewisiaid yn ystod yr wythnos.

Cofia Goronwy mor eithafol oedd gweithio mewn lle mor uchel a noethlwm â'r Garret. Ar adegau byddai'r gwynt yn ffyrnig o oer a chryf, yr haul yn danbaid neu'r glaw yn ddidrugaredd. Yn ystod rhai gaeafau byddai'r eira yn lluwchio'n drwchus ac yn rhewi mor galed nes nad oedd posib gweithio. Os byddai'r tywydd yn stopio'r chwarelwyr rhag gweithio, byddent yn cael eu talu tan un ar ddeg o'r gloch, ond disgwylid iddynt ddod i'r chwarel fel arfer i hawlio eu cyflog neu ni fyddent yn cael eu talu. Golygai hyn daith gerdded bell i rai o'r chwarelwyr, ond o leiaf roedd Goronwy, Joseph a Wil yn byw ger y chwarel.

Er mor fawr oedd y teulu, bwthyn cymharol fychan oedd Tan y Garret. Roedd ynddo stafell ffrynt, siambr gefn a siambr ffrynt ac atig. Roedd y tŷ yn llawn bwrlwm

Yr olygfa draw at Lyn Peris a Llanberis o ben inclên y Garret.

Goronwy a'r olygfa tuag at ei hen gartref o'i gartref presennol yn Llanberis.

yn ei ddydd. Galwai cymdogion a theulu o'r pentref a byddai amryw o ffrindiau Joseph o'r chwarel yn galw draw am sgwrs ac i glywed ei straeon ffraeth.

Os mentrwch i fyny Lôn Garret heddiw, fe sylwch ar nifer o adfeilion bythynnod chwarel ar ochr chwith y ffordd ac mae Goronwy yn cofio pawb o'i gyn-gymdogion oedd yn arfer byw ynddynt. O waelod y ffordd i fyny mae Bryn Sardis, Groeslon Isaf, Groeslon Uchaf, Tan Braich, Braich, Braich Poeth, Terfyn Isaf, Terfyn, Terfyn Uchaf, Garreg Lydan – sef cartref ei nain a'i daid, a Than y Garret ym mhen y lôn. Mae'r rhan fwyaf o'r tai, yn enwedig y rhai sydd bellaf ar y ffordd, bellach yn adfeilion. Fel y rhan fwyaf o fythynnod yr ardal, yn cynnwys Tan y Marchlyn (gweler tudalen 11), Stad y Faenol oedd berchen Tan y Garret. Roedd darn o dir ynghlwm gyda phob tŷ a byddai Joseph yn cadw anifeiliaid ac yn cynaeafu'r tir ar eu darn hwy. Er mai ifanc oedd Goronwy pan symudodd y teulu o Dan y Garret, un o'r atgofion sydd ganddo o fyw yno oedd ei fam yn deffro ei frodyr, ei chwiorydd ac yntau i weld awyrennau yr Almaen yn hedfan yn isel dros Lyn Padarn yn ystod y rhyfel, a hwythau yn edrych i lawr arnynt.

Goronwy ac Alun yw'r unig ddau sydd ar ôl o blant Joseph a Katie Lewis bellach. Mae Alun, y brawd ieuengach o chwe blynedd, yn byw mewn cartref preswyl ym Methesda, tra mae Goronwy yn byw islaw ei hen gartref yn mhentref Llanberis. O graffu pan fo'r tywydd yn glir, gall weld Tan y Garret o'i ardd, yn uchel i fyny'r mynydd.

Cae Newydd, yng nghysgod Yr Wyddfa, Medi 2020

CAE NEWYDD, GWAUN CWM BRWYNOG

Saif adfail Cae Newydd yn nyffryn mynyddig Gwaun Cwm Brwynog, ar lethrau'r Wyddfa, bedwar can troedfedd uwchben pentref Llanberis. Erstalwm bu'r dyffryn yn gartref i gymuned ffermio glos. Calon y gymuned werinol hon oedd Capel Methodistiaid Hebron, nepell o Gae Newydd, hyd nes iddo gau yn 1958. Bellach, mae'r capel ynghyd â Chae Newydd a'r mwyafrif helaeth o dai Gwaun Cwm Brwynog wedi dadfeilio'n llwyr, yn

Mae caeau mawnog Cae Newydd bellach yn wyllt

Mae'r to llechi wedi mynd ac mae to o eiddew yn ei le.

sgerbydau o'r cartrefi clyd a fuont gynt.

Ar un cyfnod, roedd oddeutu ugain o ffermydd a chartrefi yng Ngwaun Cwm Brwynog ac roedd nifer o'r teuluoedd a fu'n byw yno yn perthyn i'w gilydd. Arferai'r gymuned gyfan helpu ei gilydd er mwyn ysgafnhau'r baich o fyw a gweithio mewn cynefin a allai fod yn hynod o galed a didrugaredd ar adegau. Ni fu erioed gyflenwad trydan na dŵr yng Nghae Newydd. Tynnid dŵr o ffynnon tu ôl i'r tŷ, a gwresogid yr aelwyd gyda mawn a dorrid yn y caeau oddi amgylch.

Y teulu Roberts, sef Catrin Roberts, ei gŵr Robert Roberts, a'u plant oedd trigolion olaf Cae Newydd. Yn oedolion, bu eu plant yn byw yno, Robert Jeffrey a Mair, ynghyd â gŵr Mair, Idris Griffiths. Fel y dengys yr hysbyseb o'r papur lleol

Hysbyseb am Gae Newydd mewn papur lleol.

Cae Newydd fel a fu cyn y ffrwydrad.
(Hawlfraint: Derek Roberts)

ar y pryd, fe arferai Catrin osod stafelloedd Cae Newydd i ymwelwyr. Er fod lleoliad Cae Newydd yn anghysbell, doedd dim ond dafliad carreg o lwybr yr Wyddfa. Yn ôl y sôn, denodd Catrin ymwelwyr i'r tyddyn gydag aroglau'r bara hyfryd a arferai bobi'n ddyddiol. Un ymwelwr rheolaidd â'r cwm oedd y trempyn William Hughes. Galwai yng Ngwaun Cwm Brwynog yn flynyddol i weithio ar ffermydd gwahanol. Yn ystod yr ysbeidiau hyn, byddai'n aros ym meudy Cae Newydd.

Dros gledrau rheilffordd y mynydd, ac wrth ochr llwybr cerdded y Wyddfa, saif Ty'n yr Ardd. Yng ngardd y bwthyn hwn yr arferai Catrin Roberts werthu lluniaeth i ymwelwyr. Gwerthai baneidiau o de, lemonêd a llefrith a phryd bynnag âi y cyflenwad llefrith yn isel, rhoddai liain gwyn ar un o'r coed yn yr ardd

Edrych tuag at Gae Newydd. Yr Wyddfa yn y cefndir.
(Hawlfraint: Derek Roberts)

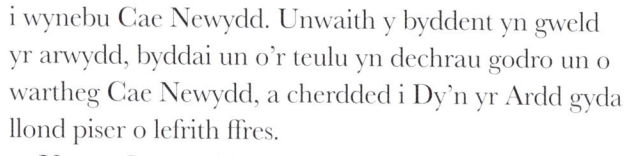

Cae Newydd, Awst 1933. Mae Mair Griffiths yn y canol.
(Hawlfraint: Derek Roberts)

i wynebu Cae Newydd. Unwaith y byddent yn gweld yr arwydd, byddai un o'r teulu yn dechrau godro un o wartheg Cae Newydd, a cherdded i Dy'n yr Ardd gyda llond piser o lefrith ffres.

Un nos Iau, ar ddiwrnod carnifal Llanberis, 17 Gorffennaf 1952, bu ffrwydrad enfawr yng Nghae Newydd. Roedd Robert, y mab, yn cyfnewid silindr nwy ar y pryd. Fe chwythodd y ffenestri ac aeth y tyddyn ar dân. Llosgodd Robert yn ddifrifol, ond yn ôl y sôn, fe lwyddodd i wneud ei ffordd i lawr i Lanberis i ofyn cymorth. Cafodd ei fam oedrannus, Catrin Roberts, anafiadau hefyd, ond fe lwyddwyd i'w hachub o'r tŷ mewn pryd. Rhedodd rhywun drwy'r cae i fyny at orsaf y trên bach yn Hebron i ffonio'r frigâd dân yng Nghaernarfon, ond erbyn hynny roedd Cae Newydd yn wenfflam. Pan gyrhaeddodd y frigâd dân Waun Cwm Brwynog, methodd yr injan dân groesi'r bont at Gae Newydd a llosgodd y tyddyn yn ulw. Fe gludwyd Robert Jeffrey i'r ysbyty i drin ei anafiadau.

Ar ôl y tân a ddinistriodd eu cartref, ffarweliodd teulu'r Robertsiaid â Gwaun Cwm Brwynog, ac aethant i fyw islaw yng nghyffiniau Llanberis. Dros y blynyddoedd, dadfeiliodd Cae Newydd ymhellach gan adael y gragen sydd ar ôl heddiw. Dim ond defaid ac ambell gerddwr a ffotograffydd sy'n crwydro yno bellach. Mae'r murddun yn lloches i fywyd gwyllt ac yn yr haf mae'n gwisgo het ddeiliog, drwchus. Mae rhai o drigolion Llanberis yn cofio mynd yno'n blant am bicnics, ac i nofio yn Afon Arddu, sydd yn rhedeg o flaen yr adfail. Wedi'r bwrlwm fu yng Nghae Newydd gynt, mae'r muriau nawr yn fud, nes iddynt ddadfeilio yn llwyr.

CAERFADOG UCHAF, CWM PENNANT

Cwm Pennant – 'y cwm tecaf' a lle hudolus a thawel i enaid gael llonydd. Mae modd gweld hynny'n glir yng Nghaerfadog Uchaf, adfail ffermdy sydd wedi ei guddio o'r neilltu dros Foel Isallt ym mhellafoedd Cwm Pennant.

Mae'r tŷ agosaf ato, Caerfadog Isaf, yn gartref teuluol heddiw, ond ni chafodd Caerfadog Uchaf yr un lwc wrth iddo ddadfeilio dros y degawdau. Wmffra Jôs oedd yr olaf i fyw yno. Magwyd Wmffra yng Nghaerfadog fel ei fam a'i nain o'i flaen. Doedd Caerfadog Uchaf ddim yn fferm fawr, felly bu'n rhaid i Wmffra droi ei law at amryw o bethau yn ogystal ag amaethu er mwyn ennill bywoliaeth. Roedd yn arbenigwr ar gyweirio lloi a cheffylau, sef rhoi triniaeth iddynt fel na fyddent yn cenhedlu, ac roedd yn feistr ar dorri ceffylau ifanc i mewn i'w paratoi i dynnu trol ac aredig, a'u dysgu i gydweithio ochr yn ochr â cheffylau eraill.

Hen lanc oedd Wmffra. Roedd ganddo un brawd a phum chwaer. Yn ôl y sôn, roedd yn ŵr tawel ac amyneddgar; agweddau a fyddai o fudd mawr iddo yn ei waith gyda'r anifeiliaid. Roedd yn ddyn mawr cryf, athletaidd ei olwg, ac yn o leiaf chwe throedfedd o daldra. Roedd ganddo fwstás trwchus, du ac wrth lyncu paneidiau o de, fe fyddai wastad yn sugno i mewn i'w geg ar ôl pob llymaid. Arferai Wmffra fynd i bob man ar gefn beic. Cafodd y llysenw 'The Telegram Boy' ar ddiwedd ei oes, gan y byddai'n danfon telegramau i wahanol ffermydd yng Nghwm Pennant yn ystod y rhyfel. Pan fyddai'r telegramau yn cyrraedd swyddfa bost Garndolbenmaen, byddent yn galw ar Wmffra a byddai yntau wedyn yn eu danfon i'r ffermydd pellaf ar ei feic.

Arferai Wmffra adrodd hanes ei daid, Humphrey Jones, a oedd yn borthmon adnabyddus yn yr ardal. Wrth ddychwelyd adref o ffair Gaernarfon un noson ymosodwyd ar Humphrey gan ladron pen ffordd. Fe'i lladdwyd yn y fan a'r lle ger Llystyn Gwyn, Bryncir. Cafodd y teulu fraw fore trannoeth wrth weld ei geffyl ar y buarth a'i ben drwy ddrws uchaf y stabal, ond doedd dim golwg o Humphrey. Roedd ei geffyl wedi cerdded y siwrnai yn ôl i Gaerfadog ar ei liwt ei hun. Ni chafwyd hyd i lofruddwyr Humphrey erioed.

Hoffai Wmffra adrodd stori arall hefyd, sef stori cleddyf Caerfadog. Un noson, tra roedd ei rieni'n bwyta swper, clywsant guro ar ddrws y gegin. Agorwyd y drws ac yn sefyll yno roedd milwr yn ei lifrau o gôt goch a throwsus glas. Gofynnodd y milwr yn gwrtais a fyddai'n cael tamaid i'w fwyta, ac a fyddai'n cael cysgu'r noson yn y stabal. Fe gytunwyd, ac fe gafodd groeso cynnes yn ogystal â brecwast fore trannoeth. Cyn cychwyn ar ei daith dros y mynydd i gyfeiriad Beddgelert neu Ryd-ddu, dywedodd y milwr nad oedd ganddo ddimai goch i dalu am y bwyd a'r llety ond y gadawai ei gleddyf fel taliad dros dro. 'Mae hwn yn werthfawrocach na'r swm o arian rydw i'n ddyledus i chi, ond mi ddof yn ôl i'w gyrchu ryw ddiwrnod ac mi dalaf yr arian i chi bryd hynny.' O gyfnod ymweliad y milwr, a'r math o lifrau a wisgai, tybid mai o Ryfel y Transfâl y daeth.

Ni ddychwelodd y milwr ac ni welwyd mohono fyth wedyn. Bu'r cleddyf yn crogi ar fur parlwr Caerfadog am flynyddoedd maith. Pan ddaeth hi'n amser i Wmffra ymddeol o'r fferm, fe symudodd i Garndolbenmaen gyda'i chwaer Maggie. Yn ôl y sôn, pan symudodd Wmffra, nid aeth â'r cleddyf gydag o ac mae'n debyg i'r cleddyf gael ei basio i un o'r teulu bryd hynny. Pan fu farw Maggie, treuliodd Wmffra gyfnod olaf ei fywyd mewn ysbyty yng Nghonwy, ar safle'r hen wyrcws, cyn iddo farw o gwmpas 1944.

Yn Hydref 1978 roedd ymgyrch ym mhapur bro *Y Ffynnon* i ddod o hyd i hynt y cleddyf. Edgar Williams,

Morfudd Jones, gor-wyres Wmffra Jôs, gyda'r cleddyf. (Hawlfraint: Y Ffynnon)

Mae llu o straeon tu ôl i ddrws Caerfadog.

Cwm-y-glo, holodd y cwestiwn ar ôl iddo ail-ymweld â Chaerfadog a chofio am y cleddyf a'i hanes wedi iddo weithio yno fel bachgen ifanc yn ystod haf 1919. Cofiai Edgar Wil Jones, nai Wmffra, yn estyn y cleddyf ac yn adrodd ei hanes wrtho. Yn dilyn yr ymgyrch yn *Y Ffynnon*, fe ddaeth gwybodaeth newydd ynglŷn â'r cleddyf i'r golwg yn rhifyn nesaf y papur ym mis Tachwedd. Roedd y cleddyf yn ddiogel yng Nghricieth; yn eiddo i Miss Morfudd Jones, sef merch Wil Jones, Dolwyddelan. Dywedodd Miss Jones fod y cleddyf wedi cael ei ddefnyddio mewn nifer o seremonïau cadeirio beirdd yng nghyrsiau addysg Coleg Glynllifon, lle bu Miss Jones yn gweithio fel metron.

Mae hynny bellach dros ddeugain mlynedd yn ôl, ac er ymchwilio i geisio canfod hanes y cleddyf heddiw, roeddwn i'n methu darganfod dim. Mae stori'r milwr hefyd yn codi nifer o gwestiynau. Mae'n debyg na chawn fyth wybod pwy ydoedd, o ble y daeth, nac i le roedd o'n mynd, na pham na ddychwelodd i Gaerfadog i gyrchu ei gleddyf. Os gall rhywun daflu mwy o oleuni ar hanes y cleddyf a dirgelwch y milwr, cysylltwch os gwelwch yn dda.

CYMRU GUDD 23

LLWYN Y BETWS, CWM PENNANT

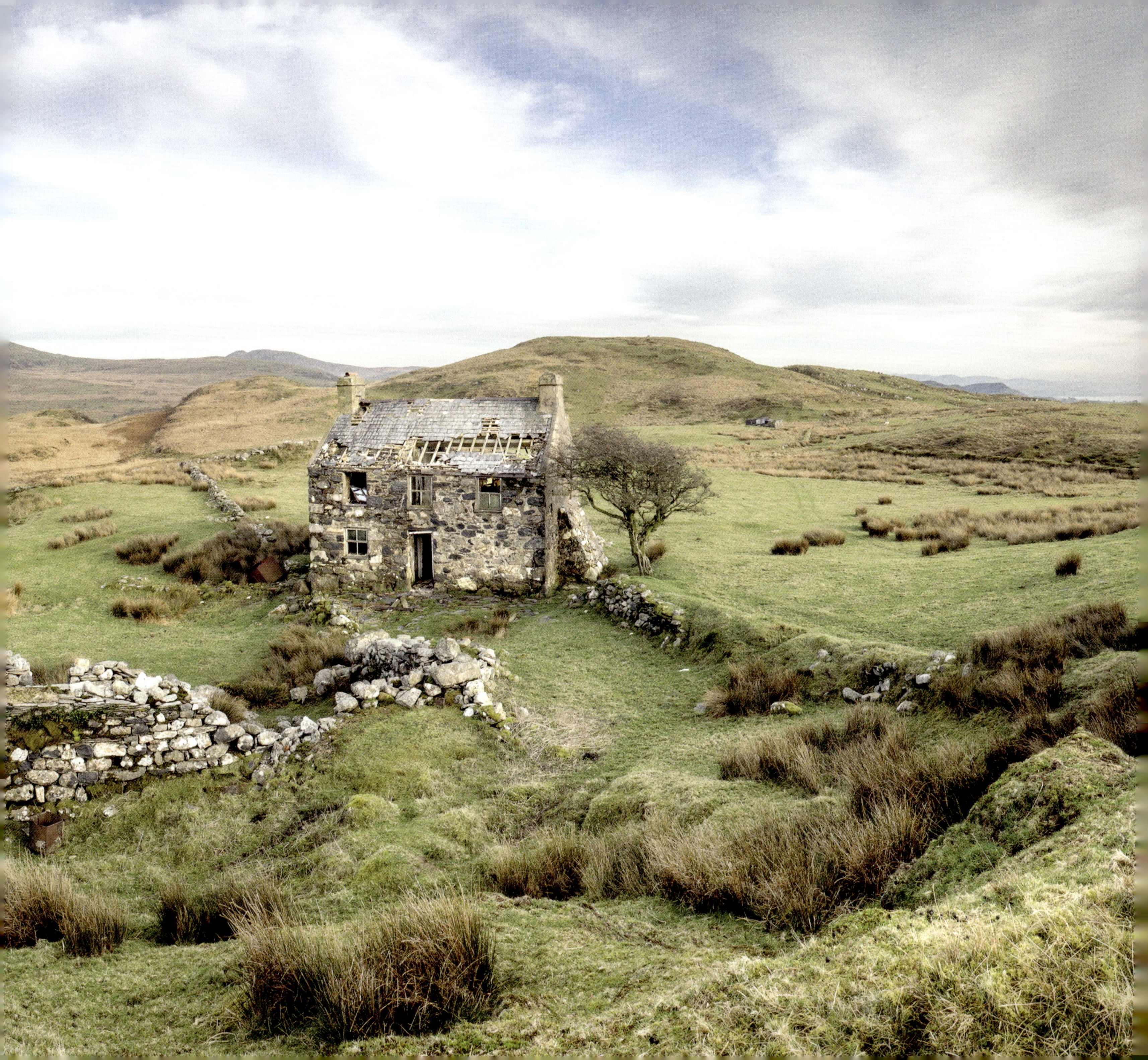

Uwchben llethrau gorllewinol Cwm Pennant, dafliad carreg y tu ôl i gopa gwelltog Y Foel, saif Llwyn y Betws fel begwn yn ei unigedd ysblennydd. Yr adeilad agosaf yw Cae Amos sydd bellach yn *bothy*, a Braich Garw sy'n adfail ers blynyddoedd maith. Er bod y triawd o fewn rhyw hanner milltir i'w gilydd, mae'n anodd dychmygu cartref mwy anghysbell a diarffordd na Llwyn y Betws. Petaech yn crwydro'r cyffiniau, heb wybod amdano, mae maint, ymddangosiad a lleoliad y tŷ yn taro rhywun yn syth bìn o'i weld am y tro cyntaf. Nid bwthyn bychan, gwerinol fel llawer o ffermdai sydd ar ucheldir y fro yw Llwyn y Betws, ond adeilad nobl a sylweddol sydd yn neidio'n annisgwyl o lesni ei gynefin fel petai'r tŷ rywsut wedi glanio yno o fyd estron.

Drwy graffu'n ofalus ar y muriau hinfaeddedig, mae posib gweld y dyddiad 1876 wedi ei gerfio ar ochr y

Cwm Pennant o ben y Foel. Copa Moel Hebog sydd i'r gogledd (ar y chwith), gydag Afon Dwyfor yn rhedeg drwy ganol y cwm tuag at y môr ym Mae Tremadog (ar y dde). Yr adeilad lliw golau ar y chwith yw Capel Pennant sydd yn dŷ preifat erbyn hyn. Gellir canfod Moelfre ar yr ochr dde drwy ddilyn y llinell o goed sydd agosaf at yr afon.

26 CYMRU GUDD

tŷ. Mae'n debyg fod y dyddiad yn cyfeirio at waith adnewyddu a wnaed ar y tŷ, gan fod cofnod o Lwyn Betws yn dyddio'n ôl at o leiaf 1802. Y flwyddyn honno bu farw y perchennog, sef W. William Griffith, Cefn Coch, Sir Gaernarfon, gan adael y fferm i'w nai, Humphrey Jones, yn ei ewyllys yn ogystal â Chae Amos gerllaw, Cae Bach, Brithdir Mawr a Brithdir Bach.

Y teulu Jones oedd yr olaf i amaethu a byw yn Llwyn y Betws. Yn ôl y sôn, fe symudon nhw o Hafod Ruffydd, Beddgelert gyda phedwar plentyn, sef tri brawd o'r enw Owen, Robat, Cadwalad a Jên eu chwaer. Oherwydd neilltuedd Llwyn y Betws nid oedd ffordd na llwybr yn arwain at y tŷ. Aed â cheffyl a throl i dop y cwm, ac yna roedd rhaid cario popeth o dop y cwm i Lwyn Betws. Wrth gwrs, nid oedd cyflenwad trydan na dŵr tap yno chwaith. Deuai'r dŵr o ddwy ffynnon, un o flaen y tŷ a'r llall rhwng y tŷ a'r beudy. Dros y blynyddoedd fe symudodd Robat, Cadwalad a Jên yn eu tro i gychwyn cartrefi eu hunain a daeth Llwyn y Betws, maes o law, yn gartref priodasol i Owen Jones a'i wraig Magi.

Roedd Owen Jones yn gymeriad ffraeth ac yn fugail craff. Disgrifiwyd ef gan Gwilym Roberts yn y gyfrol *Cwm Pennant* fel 'un o'r tri cneifwyr gorau yn y cwm'. Roedd gan Owen ddawn arbennig i hyfforddi cŵn defaid a bu galw mawr yn ffermydd y cwm am ei wasanaeth, ei arbenigedd a'i gyngor. Gallai Owen ofyn am brisiau uchel am y cŵn yr oedd wedi eu magu a'u hyfforddi. Roedd hyn nid yn unig yn lleddfu rywfaint ar fywyd caled Llwyn y Betws ond yn destament i safon uchel ei waith hefyd.

Dros Afon Dwyfor ac i fyny ochr arall y cwm, yn fferm Cwrt Isaf, trigai teulu Laura Owen, sef

Draenen wen yn blodeuo naill ochr i Lwyn y Betws

chwaer Magi Jones. Roedd y ddwy yn arfer cyfathrebu gyda'i gilydd drwy ddefnyddio lliain gwyn. Er enghraifft, petai Magi awydd cyfarfod â'i chwaer ar amser penodol i fynd i Borthmadog am y diwrnod, byddai'n hongian lliain gwyn i fyny ar y boncan ger Llwyn y Betws. Byddai Laura'n gweld y lliain o Gwrt Isaf, ac os oedd o blaid y syniad, byddai hithau yn hongian lliain gwyn i gadarnhau'r trefniant.

Arferai Magi, neu Anti Gag fel yr adnabyddid hi gan ei nithod, gerdded milltiroedd dros y gweundiroedd agored, garw. Byddai'n cerdded yn aml i bentref Garndolbenmaen gan ddychwelyd adref a'i breichiau'n drwm o fagiau siopau. Weithiau byddai'n cymryd y llwybr i ffermdy Moelfre, islaw Llwyn y Betws, ac oddi yno byddai'n mynd gyda beic i ddal bws yn Golan er mwyn mynd i Borthmadog. Bu Magi yn un o aelodau ffyddlonaf Capel Pennant – mynychai bob Sul er bod ganddi goblyn o daith i gerdded dros dir bras yno!

Hoff ddywediad Magi oedd 'Cwyd ti y gwlân mân a fe gwyd y gwlân mân dithau.' Ar ei theithiau niferus ledled y cwm, codai Magi ddarnau mân o wlân, lle bynnag y câi hyd iddo. Os byddai dafad wedi bod yn sownd mewn drain neu weiren neu wedi bod yn crafu yn erbyn bonyn coeden, byddai'n casglu'r gwlân oedd yn sownd iddynt a'i gadw hyd at amser cneifio er mwyn ychwanegu ychydig at yr arian y byddent yn ei gael am y gwlân.

Gwen Jones a'i nai Ellis Owen, un o blant ei chwaer, Laura.
(Llun: Gwen Jones)

Owen Jones yn bugeilio. (Llun: Gwen Jones)

Nid oedd gan Owen a Magi blant, felly roeddent wrth eu boddau yn derbyn Wil a Margaret, plant Laura, i'w cartref. Roeddent hwythau hefyd wrth eu boddau yn cael mynd i ymweld ag Yncyl Owen ac Anti Gag. Er yn blentyn cofiai Wil deimlo'n ofnus yn Llwyn y Betws pe byddai'n chwythu oherwydd sŵn y gwynt oedd yn chwipio o amgylch y tŷ. Ar adegau mwy llonydd, cofiai'r plant eistedd yn glyd o flaen y tân gyda'r nos. Byddai popeth mor dawel nes mai dim ond tician y cloc mawr oedd i'w glywed.

Bu Owen a Magi yn byw yn Llwyn y Betws tan fis Tachwedd 1964. Wedi hynny, penderfynodd y ddau symud islaw i fferm Moelfre ar waelod y cwm, i wneud bywyd yn haws yn eu henaint. Treuliodd y cwpwl weddill eu hoes yno. Bu farw Owen yn 1974 a Magi yn 1980.

Heb os mae awyrgylch arbennig i Lwyn y Betws a'r ucheldir o'i gwmpas. Gellir ei deimlo yn y llonyddwch, yr ehangder a'r prydferthwch anial. Mae'r tŷ wedi goroesi'n gadarn dros y blynyddoedd, ond bellach mae amser wedi gadael ei ôl. Drwy ffenest deilchion un o'r llofftydd cefn, mae cerpyn o len yn chwifio'n drist ar yr awel. Mae'n rhaid ar adegau fod Llwyn y Betws wedi bod yn llecyn hynod o agored a didostur i fyw a chynnal bywoliaeth, ond wedi dweud hynny, mae'n rhaid fod yr amseroedd caled wedi gwneud yr amseroedd gwell hyd yn oed yn fwy melys i Owen a Magi Jones.

Blaen y tŷ sydd wedi cael y gwaethaf o'r tywydd.

Yr olygfa o gefn y tŷ at ochr ddwyreiniol y cwm – mor dawel ag y bu erioed.

Owen Jones yn Llwyn y Betws. Mae'r ddresal bellach yn Chwilog gan y teulu. (Llun: Gwen Jones)

Storm yn bygwth dros Lwyn y Betws.

LLETY GWILYM, LLAN FFESTINIOG

Rhwng muriau'r ffermdy hwn, a fu unwaith mor brysur, mae llawer o atgofion tyner gan y teulu a ffrindiau a fu'n rhan o'i wead cyfoethog. Cartref i Mary a'i mab Wil (Wil Llety) ydoedd. Yn ôl y sôn, roeddent y bobl fwyaf hoffus a charedig y gallech eu cyfarfod. Byddai eu hwyrion a'u ffrindiau yn galw heibio bob dydd ar ôl yr ysgol. Dyma rai o'u hatgofion:

Wil Llety ar y dde, a'i ffrind Aneurin Parry, 1974-5

'Chwarae ar siglen ac yn yr afon gyda chwiorydd a chyfnitherod. Nain, Mary, ger y drws yn ei ffedog ac Wncl Wil yn canu wrth odro'r gwartheg. Y defaid yn cael eu trochi, a Siani, yr hwch anferth yn cael ei bwydo. Dysgu gyrru tractor a threlar ar y fferm yn dair ar ddeg oed. Eistedd ar glustog frith ar sêt y ffenest, gan fwynhau eirin gwlanog a llefrith *Carnation*, tra cysgai'r gath ar lin. Bwyta wyau ffres a gasglwyd y bore hwnnw o gwt yr ieir. Wncl Wil yn dod ag ŵyn llywaeth i'r gegin er mwyn i'r plant roi potel iddynt. Gwneud cacennau gyda nain a chael llyfu'r llwy. Atgofion melys o amser a fu.'

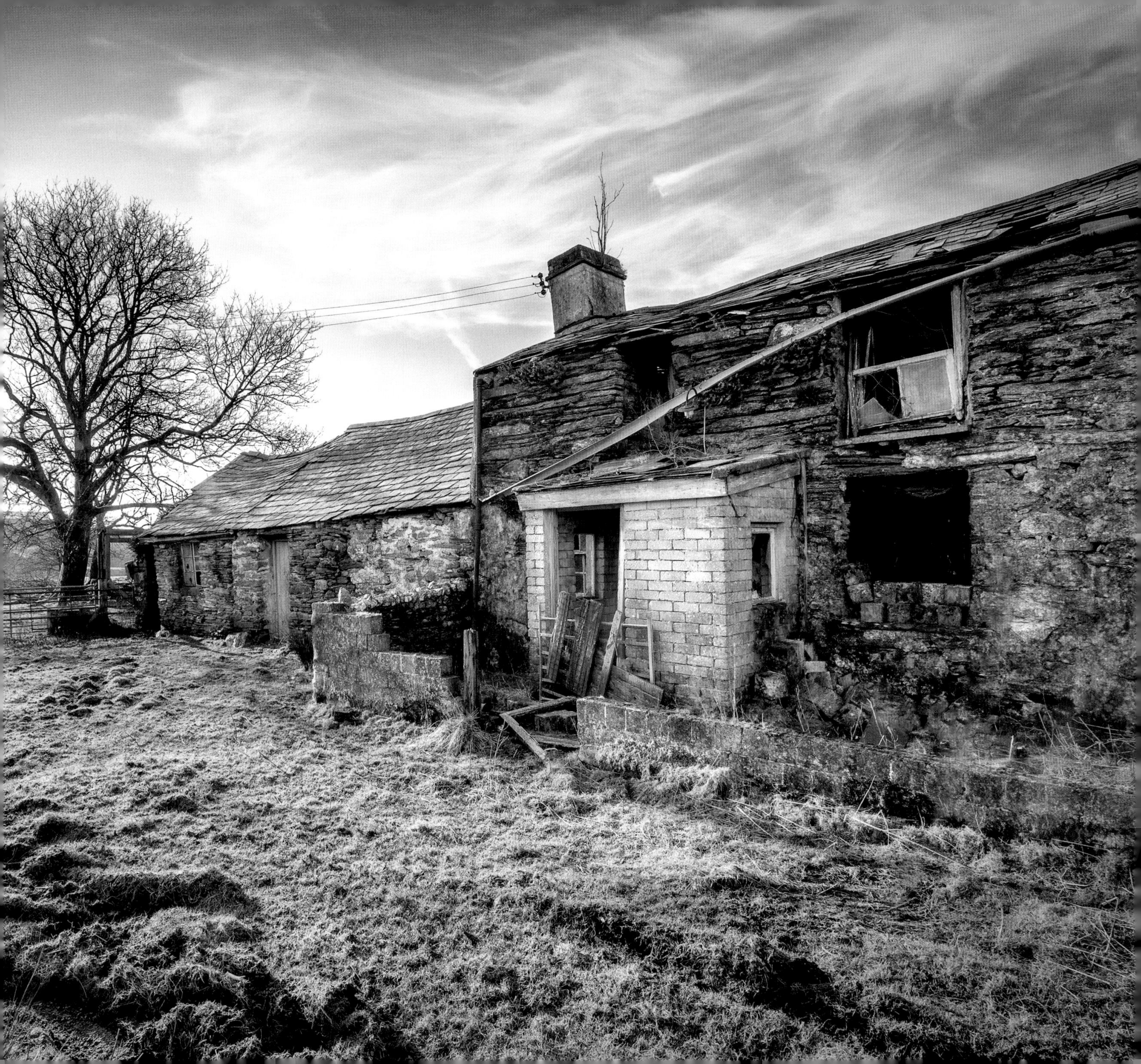

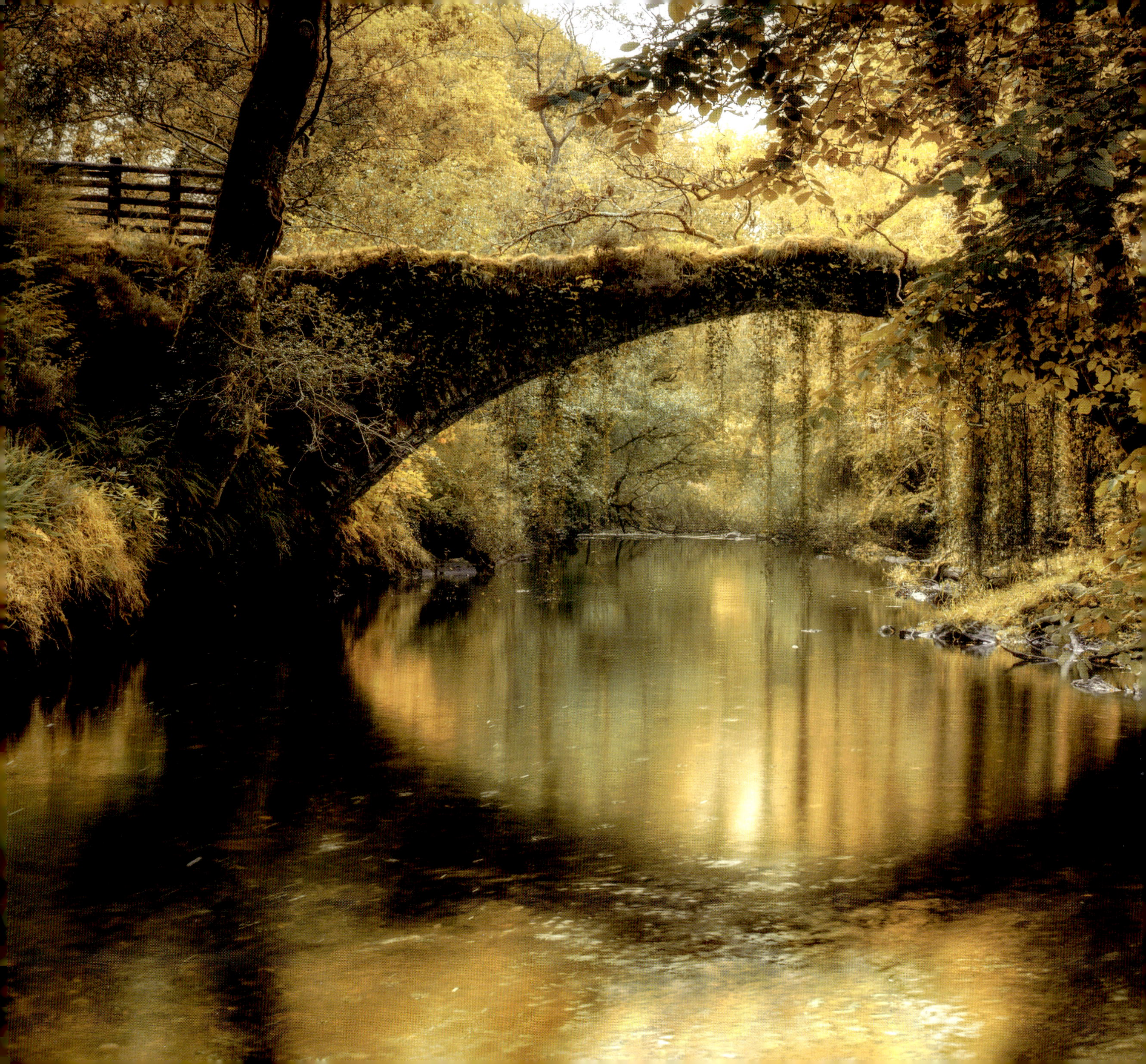

PONT FELINRHYD, MAENTWROG

Dyma un o'r enghreifftiau gorau o goedlan dderw'r Iwerydd sy'n dal i fodoli yn Ewrop. Dyma gynefin sy'n cael ei alw'n Goedwig Law Geltaidd ac mae yr un mor bwysig yn fyd-eang, a'r un mor fregus, â rhai coedwigoedd glaw trofannol. Mae'r goedwig yn gyfoeth o fwsoglau ffrwythlon a chennau cymhleth.

Ar droad y ddeunawfed ganrif, adeiladwyd y bont fwa garreg, sydd bellach wedi'i rhestru fel Gradd II, i groesi Afon Prysor, gan wella'r hen ffordd drol o Harlech i Faentwrog. Mae Coed Felinrhyd yn lleoliad sy'n ymddangos yn y Mabinogi. Dyma safle brwydr farwol a ddaeth â'r rhyfel rhwng y gogledd a'r de i ben. Cynllwyniodd Gwydion, oedd yn gastiwr, yn ddewin ac yn nai i frenin Gwynedd, i gychwyn rhyfel er mwyn tynnu sylw oddi ar un o'i gynlluniau gan herio Pryderi, brenin Dyfed, i feddiannu'r gogledd. Fodd bynnag, dioddefodd lluoedd Dyfed golledion mawr yn y tair brwydr, ac felly cytunodd Pryderi i setlo'r mater mewn brwydr hyd farwolaeth rhwng y ddau ohonynt. Fodd bynnag, cafodd Pryderi ei ladd gan Gwydion ac felly, yn ôl y chwedl, cafodd ei gorff ei gladdu mewn bedd di-nod yn rhywle yn y goedwig.

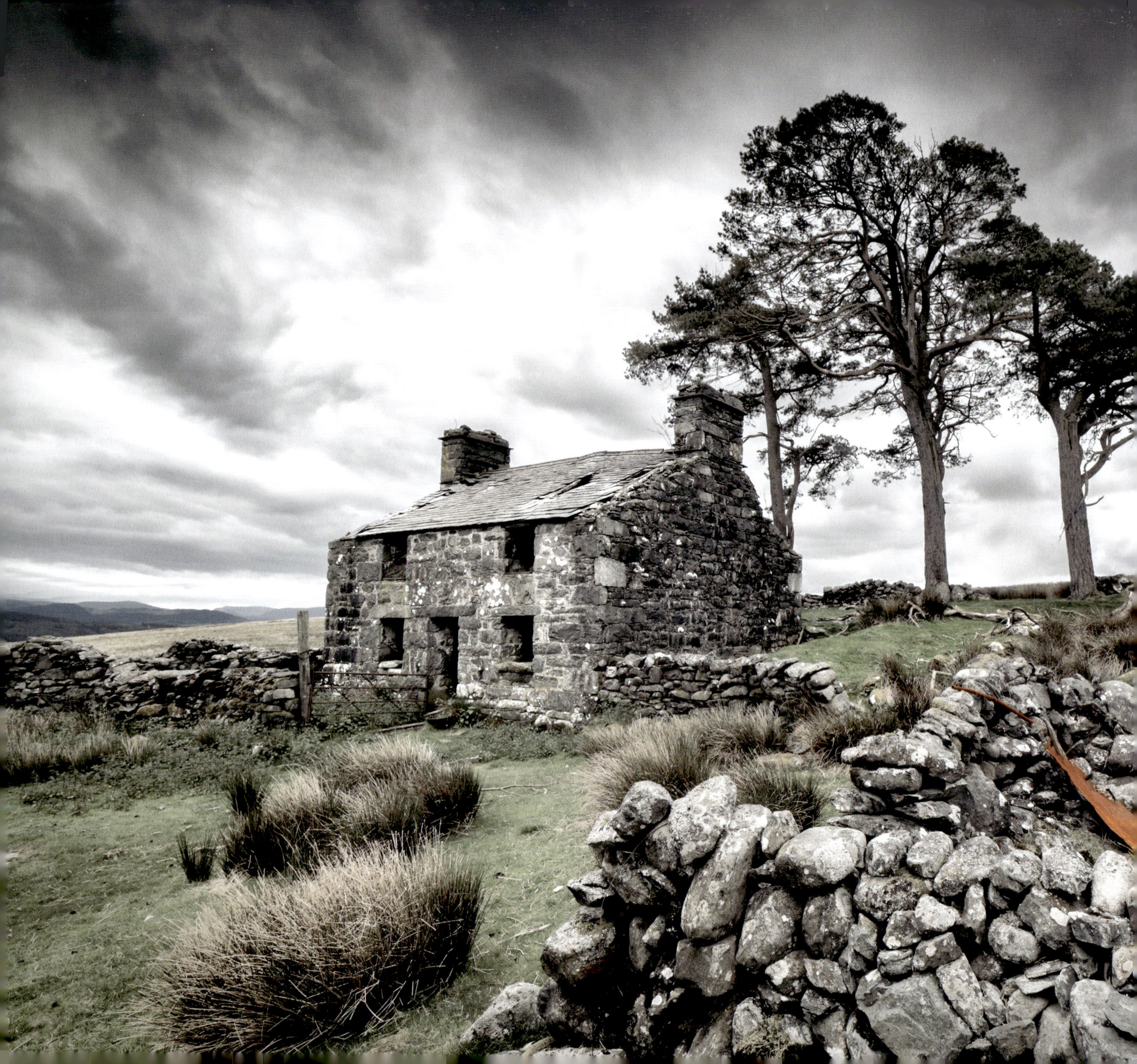

BLAEN Y CAE, TRAWSFYNYDD

Do, Robat Jôs, bu'r frwydr yn hir
i ddofi'r tir tua 'Blaen y Cae';
yn dy gwrcwd yn crymanu'r crawcwellt,
Owen Bach yn brwydro â'r brwyn
a'r glaw'n saethau rhwng y gwallt a'r golar
yn boddi pob dyhead;
gwynt rhwng gwlanan a chroen
yn deifio'r deall,
yn fferru'r ysbryd.

Ond dathlaist dy fuddugoliaeth
wrth deimlo'r cyrn ar dy gledrau,
wrth weld corlannau llawnion,
clywed brefiadau'r praidd
yn gryndod trwy'r tawelwch
a'r porthmyn yn eu tro
yn chwalu'r unigrwydd
â'u helyntion a'u straeon.

Ond be' feddyliet ti heddiw, Robat Jôs?
Ofer fu oriau'r llafur,
penglog gwag o dŷ
yn rhythu'n hiraethus tua'r Rhinogydd;
y gwynt yn piffian chwerthin ei fuddugoliaeth
trwy'r crawcwellt a'r brwyn;
cymylau difodiant wedi hen grynhoi
ac awch yr oesau'n rhydu'n goch
mewn sgerbwd o gorlan.

Cen Williams

Y SBIENDDRYCH, CORRIS

Cafodd y tyllau turio hyn eu drilio yn 1865 gan famoth o beiriant, *The Double Tunneller* a ddyfeisiwyd gan George Hunter a William F. Cooke. Roedd eu dyfais yn unigryw gan mai hwn oedd yr unig beiriant drilio twnelau dwbl ar yr un pryd. Mae'n debyg fod y sŵn a'r llwch y byddai'r peiriant hwn yn eu cynhyrchu yn annioddefol. Nid oedd y *Double Tunneller* yn llwyddiant ysgubol, yn bennaf yn sgil problemau wrth ei ddefnyddio ac ymarferoldeb cludo peiriant mor anferthol yn ystod y 19eg ganrif. Gan mai byr oedd oes y peiriant, dim ond ychydig o'r tyllau turio arbrofol hyn a wnaed.

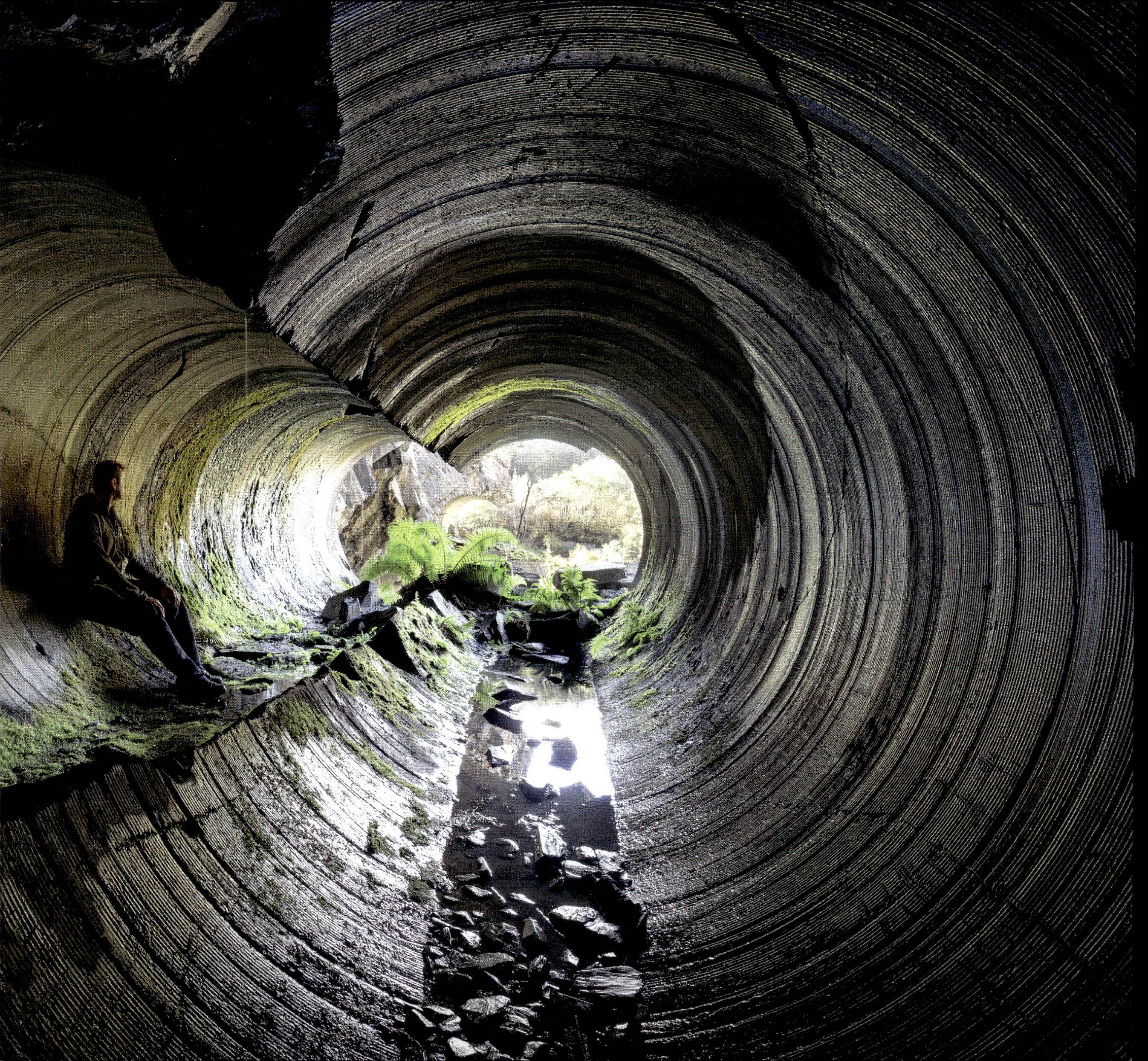

TYN Y MAES, CWM CYWARCH

Fferm fechan ym mhellafoedd cwm prydferth ac anghysbell yng nghyffiniau Dinas Mawddwy yw Tyn y Maes. Fe brynodd teulu Humphreys y fferm yn niwedd yr 1800au gan O. M. Edwards, awdur *Cymru* a *Cymru'r Plant*. Sefydlodd ei fab, Ifan ab Owen Edwards, Urdd Gobaith Cymru ac ef oedd tad Owen Edwards, y darlledwr a Phrif Weithredwr cyntaf S4C.

Fe ffermiwyd Tyn y Maes am flynyddoedd maith gan Hugh Humphreys a'i wraig Sarah ac roeddent yn cadw defaid yn bennaf. Yn ogystal â rhedeg y fferm, bu

Hugh yn gweithio ar adeiladu argae Llyn Llanwddyn am gyfnod. Byddai'n cerdded milltiroedd i'w waith dros Fwlch y Groes ac yn ôl i Dyn y Maes bob dydd.

Magwyd tri o blant gan Hugh a Sarah, sef un ferch a dau o feibion. Y mab ieuengaf, David John neu Dei Tyn y Maes fel y'i gelwid, etifeddodd y fferm gan ei rieni. Bu Dei a'i wraig Beti yn byw yn Nhyn y Maes gyda Hugh a Sarah, nes i Dei a Beti symud allan yn 1953, rhyw flwyddyn ar ôl genedigaeth eu hunig ferch, Hefina. Dim ond tafliad carreg i ffwrdd o Dyn y Maes oedd eu cartref teuluol newydd ac felly gallai Dei barhau i ffermio ar ran ei rieni oedrannus. Yn ystod eira mawr gaeaf 1962-63, bu'r teulu'n sownd am wythnosau yn y cwm. Buont yn lladd moch a defaid ar y fferm i oroesi a pharhau i oroesi wnaeth y teulu drwy'r holl dywydd garw, y llifogydd a'r gwyntoedd cryf a ddeuai i'r cwm yn eu tro.

Fel y rhan fwyaf o gymunedau cefn gwlad yr oes honno, roedd cymuned y cwm yn un glos. Byddai pawb yn helpu ei gilydd i gneifio a hel defaid fel oedd yr angen. Byddai Hugh yn pori ei ddefaid ar elltydd serth y cwm; mae un i'w gweld yn y llun. Roedd rhai ohonynt mor serth nes fod rhaid i'r ffermwyr afael mewn brwyn gyda phob cam er mwyn tynnu eu hunain i fyny. Pan fyddai Hugh, gyda chymorth ei gymdogion, yn hel defaid byddent yn cychwyn ben bore gan ddod â defaid i lawr erbyn canol y prynhawn er mwyn eu cneifio y diwrnod wedyn. Tra byddai'r dynion yn sbydu ar hyd y bryniau, byddai Sarah a Beti yn gweithio'n galed yn y gegin i baratoi digonedd o gig, bara, tatws, moron, llysiau gwyrdd a galwyni o bwdin reis i'w bwydo. Câi'r rhan fwyaf o'r cynnyrch hwn ei dyfu yn Nhyn y Maes.

Cofiai Hefina gerdded i Dyn y Maes bob dydd i weld ei nain a'i thaid, Hugh a Sarah, a oedd erbyn hynny wedi mynd i dipyn o oed. Yn yr haf roeddent yn hoff o eistedd yn eu cadeiriau o flaen y drws ffrynt, tra byddai Hefina yn chwarae tŷ bach a'u diddanu. Bu farw Hugh yn 1967 a Sarah yn 1964, yr un flwyddyn ag y daeth trydan i'r cwm.

Parhaodd Dei a Beti i ffermio Tyn y Maes nes iddynt hwythau fynd yn rhy hen i barhau â'r gwaith caled. Ffermiodd Hefina yno am gyfnod, ond ymhen amser symudodd Dei a Beti i fyw ymhellach i lawr y cwm. Gosodwyd Tyn y Maes fel tŷ gwyliau ac oherwydd ei leoliad tawel yng nghysgod y bryniau, bu'n gyrchfan poblogaidd yn y saithdegau a'r wythdegau gyda cherddwyr, dringwyr a theuluoedd oedd yn chwilio am seibiant o fwstwr a phrysurdeb eu bywydau dyddiol.

Yn y nawdegau, pan aeth Dei a Beti yn rhy hen i ddygymod â gosod Tyn y Maes, aeth y tŷ yn segur a does neb wedi byw nac aros ynddo ers hynny.

Er bod disgynyddion y teulu Humphreys wedi symud, a'r capeli wedi cau ers blynyddoedd, mae cymuned glos Gymreig yn parhau yn y cwm. Mae'r ffermydd wedi cael eu trosglwyddo drwy'r teuluoedd ac yn ffynnu yng ngofal y genhedlaeth newydd sydd wedi aros. Fe godwyd tai yno gan deuluoedd Cymreig ifanc. Fel llawer o'r llefydd yn y gyfrol yma, byddai'n hyfryd gweld Tyn y Maes yn cael ei adnewyddu i bwrpas teulu modern rhyw ddiwrnod. Mae'n hawdd rhamantu am atgofion o'r llefydd a'r amseroedd a fu, ond gyda straen bywyd modern yn cynyddu a datblygiadau cyfathrebu technolegol yn ein galluogi i weithio o gartref, mae'r syniad o fyw mewn lle delfrydol y bernid ar un adeg ei fod yn rhy ddiarffordd, yn rhy galed ac yn rhy unig, nawr yn edrych yn llawer mwy deniadol. Pwy a ŵyr, mewn hafau i ddod, efallai y bydd pobl yn eistedd o flaen drws ffrynt Tyn y Maes eto.

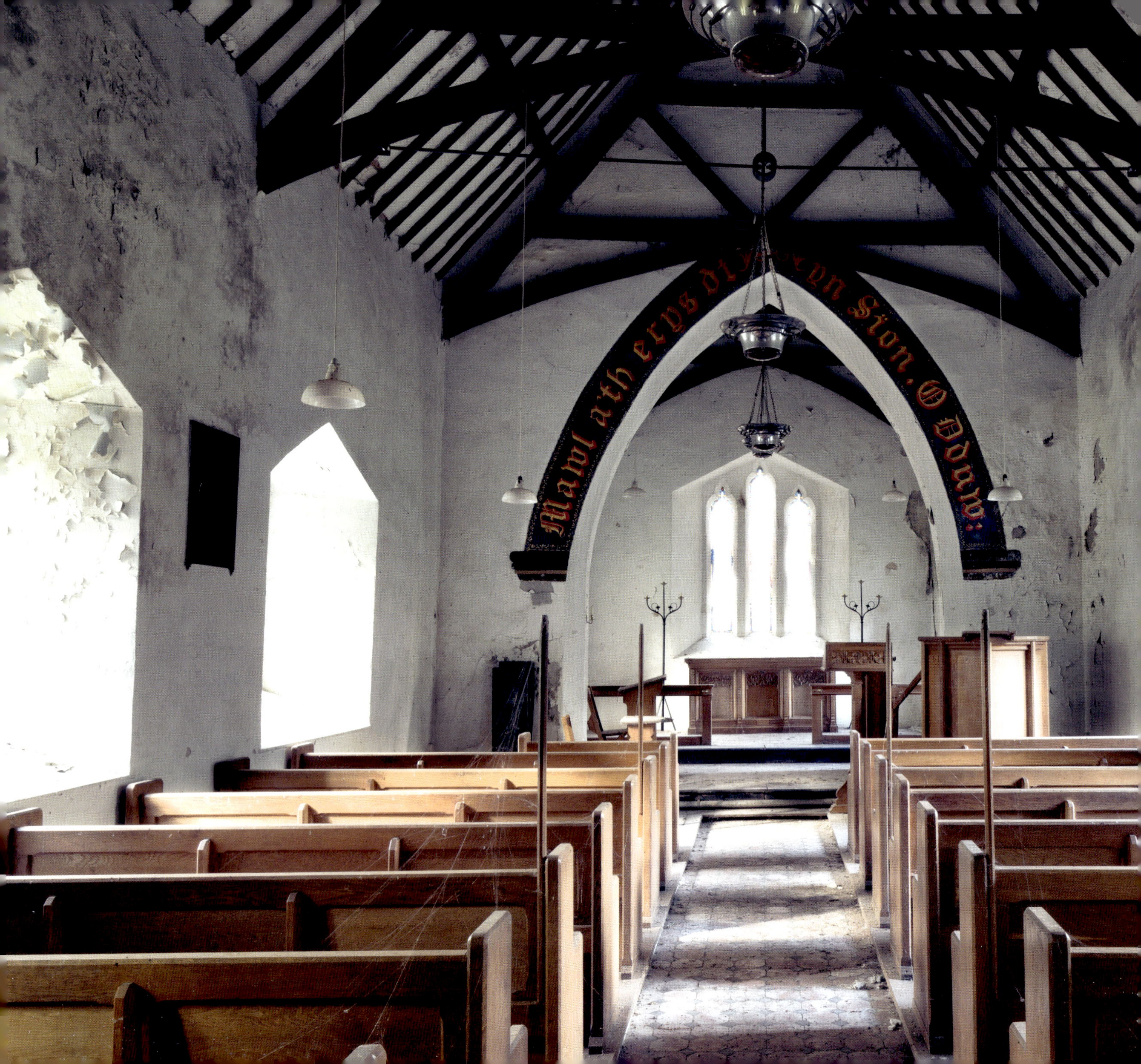
Mawl a'th erys
yn Sïon, O Dduw:

Yr Allor.

EGLWYS SANT TYDECHO, LLANYMAWDDWY

Eglwys yw hon sydd wedi bod ar gau am dros ddeng mlynedd neu fwy, wrth i nifer yr eglwyswyr ostwng yn raddol. Yn 1883, ysgrifennodd yr hanesydd Charles Ashton na cheid 'cynulleidfa fwy twymgalon' mewn unrhyw blwyf arall yng Nghymru nag yn Eglwys Sant Tydecho. Brwydrodd y gynulleidfa, hen ac ifanc, yn galed i gadw'r eglwys ar agor. Hon oedd un o'r ychydig eglwysi yn yr ardal a gynhaliai ei gwasanaethau a'i hysgol Sul yn Gymraeg yn unig, heb sôn am wasanaeth Plygain blynyddol. Deillia'r gair 'Plygain' o'r ymadrodd Lladin *pullicantio*, sy'n golygu 'cân y ceiliog'. Yn wreiddiol, cynhelid y gwasanaeth am dri o'r gloch y bore, er mwyn cyd-fynd â chân gyntaf y ceiliog ar fore Nadolig.

CYMRU GUDD   41

TŶ HIR, TRE'R DDÔL

Cartref Goronwy Owen Thomas oedd Tŷ Hir. Mae'r tŷ yn sefyll mewn llecyn unig wrth ochr ffordd brysur yng nghanolbarth Cymru. Magwyd Goronwy yng Nghorris a thybir i'w fodryb a'i gŵr ddod i fyw yn Nhŷ Hir yn y pumdegau cynnar. Symudodd Goronwy i'r tŷ wedi i'r ddau ymddeol a symud oddi yno. Hen lanc oedd Goronwy a fu'n ffermio Tŷ Hir ar ei ben ei hun am flynyddoedd maith. Bu'n berchen ar dyddyn arall, Gwarcwm Bach, a bu'n ffermio yn y fan honno hefyd am gyfnod.

Yn gynharach yn ei fywyd, yn ogystal â ffermio Tŷ Hir, gweithiai fel gwas fferm yn Nôl Goch. Roedd wastad yn barod i helpu'r ffermwyr lleol ar adegau prysur yn y calendr amaethyddol, a byddent hwythau yn talu'r gymwynas yn ôl i Goronwy yn eu tro, fel y mae'r drefn mewn cymunedau cefn gwlad. Yn ddiweddarach bu Goronwy yn cynnig help llaw ar ffermydd lleol, gan gynnwys Gwarcwm Isaf, Tanrallt a Thynygraig.

Tra bu Goronwy'n gweithio yn Nôl Goch cyfarfyddodd â Miss Sinclair, howsgiper y fferm. Daeth y ddau yn ffrindiau agos ac ymhen amser symudodd Goronwy i fyw ati i Lanilar. Buodd yn garedig iawn tuag ati, yn edrych ar ei hôl dros y blynyddoedd, a gofalodd yn dyner amdani yn ei chystudd. Pan fu farw Miss Sinclair bu'n rhaid i Goronwy adael y cartref. Symudodd yn ôl i Dŷ Hir yn nghanol yr wythdegau ac arhosodd yno hyd at dair blynedd olaf ei fywyd.

Mae'n debyg nad oedd cyflwr Tŷ Hir pan oedd Goronwy'n byw yno yn wahanol iawn i'r hyn a welir yn y lluniau. Pan es yno, doedd dim posib gweld y drws ffrynt, heb sôn am fynd drwyddo, gan fod blaen y tŷ wedi

Cotiau Goronwy'n hongian ar y landing. Ei ffon yn pwyso wrth ddrws y llofft gefn.

ei orchuddio gyda blynyddoedd o dyfiant mieri. Roedd y ffenestri gwaelod wedi cael eu bordio. Wrth edrych ar y tŷ, byddai rhywun yn taeru nad oedd neb wedi byw ynddo ers degawdau.

Mae'n bosib na fu unrhyw waith atgyweirio nac adnewyddu ar y tŷ ers i Goronwy fyw yno. Gyda'r blynyddoedd, agorodd twll yn y to, ac wrth i'r tywydd ddod i mewn, gwaethygodd y broblem nes i nenfwd y llofft ddisgyn. Ni chafodd y twll ei drwsio. Caeodd Goronwy'r drws arno a symud i'r llofft gefn. Chwythodd y gwynt i mewn ac arllwysodd y glaw, nes bod y llofft yn socian, a'r ystafell fyw oddi tani hefyd. Wrth gwrs, doedd neb wedi byw yn yr ystafell fyw ers blynyddoedd oherwydd ei chyflwr ofnadwy. Yn ogystal â hyn, roedd llygod mawr yn bla drwy'r tŷ.

Parlwr mawr yn nhu blaen y tŷ. Byddai hon wedi bod yn ystafell smart yn ei dydd.

Oherwydd cyflwr anrhigiadwy blaen y tŷ, yn yr ystafelloedd cefn y treuliai Goronwy ei amser. Wrth lwc, roedd y to mewn gwell cyflwr yn y rhan yma. Bu'n treulio'r rhan fwyaf o'i amser rhwng y llofft fach gefn, lle'r oedd yn cysgu, a'r stafell fechan llawr carreg a'r *range* ynddi. Yno roedd ganddo fwrdd yn llawn trugareddau, llyfrau, a'r cwpwrdd bwyd, er nad oedd byth lawer o fwyd ynddo. Ni chafwyd cyflenwad trydan yn Nhŷ Hir erioed, heb sôn am ffenestri dwbl, gwres canolog, teledu na thecell. Roedd Goronwy yn dibynnu ar y *range* am bopeth. Byddai'n casglu ac yn hollti coed tân bob dydd. Os na allai gynnau tân, doedd ganddo ddim modd o gael gwres, o gynhesu bwyd nac o ferwi dŵr.

Treuliodd Goronwy lawer noswaith unig yn eistedd wrth ochr y *range* yn darllen wrth olau lamp baraffîn, yn ceisio cadw'n gynnes. Ar nosweithiau oer, byddai'n berwi dŵr ar y tân – digon i lenwi dwy botel ddŵr poeth a dwy fflasg, gan fynd â hwy gydag o i'w wely. Erbyn oriau mân y bore byddai'n deffro, a gwagio'r poteli dŵr poeth mewn i fwced, yna byddai'n eu hail-lenwi gyda'r dŵr poeth o'r fflasgiau. Byddai'n gwneud hyn i gyd yn y tywyllwch gyda golau torts, ac yntau ar y pryd yn ŵr eiddil yn ei wythdegau. Mae'n syndod ei fod wedi goroesi drwy'r gaeafau caled heb fferru a'r gwynt yn chwipio drwy'r tŷ ac o dan y drysau.

Doedd Goronwy ddim yn siarad llawer am ei fywyd personol. Roedd yn ddyn preifat ofnadwy, ac yn ffyrnig o annibynnol. Roedd ganddo gi defaid yn gyfaill triw, ond teimlai Goronwy unigrwydd o fyw ar ei ben ei hun. Dioddefodd gyfnodau o iselder dwys a theimlai fod pobl yn siarad amdano. Pe byddai rhywun yn mentro ei farnu neu fusnesu ac ymyrryd yn ei fywyd, ni fyddai'n bradu amser yn dweud wrthynt i fynd i grafu. Gallai fod yn 'styfnig iawn hefyd. Pe byddai rhywun yn ei

Y parlwr bach a'r *range* yng nghefn y tŷ. Yn yr ystafell hon y treuliai Goronwy y rhan fwyaf o'i amser.

bechu, peryg na fyddai Goronwy fyth yn maddau iddynt. Un tro ceisiodd teulu a oedd yn poeni amdano gael y gwasanaethau cymdeithasol i ymweld ag o yn Nhŷ Hir. Pan alwodd y gweithwyr cymdeithasol yno, ni chymerodd Goronwy dim o'u lol gan eu hanfon oddi yno ar eu hunion.

Cafodd Goronwy radio yn rhedeg ar fatris yn anrheg gan deulu'r fferm lle byddai'n helpu o dro i dro. Roeddent yn gobeithio y byddai'r radio yn lleddfu'r unigrwydd. Yn ôl y sôn, fe newidiodd Goronwy ar ôl ei gael. Roedd wrth ei fodd yn gwrando ar Radio Cymru a gemau pêl-droed. Cofiai bob sgwrs a glywai. Pan âi i'r fferm i helpu, byddai'n trafod y sgyrsiau hynny. Roedd fel petai'r radio wedi rhoi cyfrwng mynegiant newydd i Goronwy, ac roedd ganddo, am y tro cyntaf ers amser maith, lawer i siarad amdano. Fel darllenwr eang a brwd, câi bleser mawr gan lyfrau. Roedd yn ŵr deallus ac roedd ei wybodaeth gyffredinol yn helaeth. Galwai'r fan lyfrgell heibio unwaith y mis a byddai Goronwy yn aml yn cyfnewid ei lyfrau arni.

Er nad oedd llawer o drefn ar y glanhau yn Nhŷ Hir, roedd edrychiad Goronwy yn wastad fel pin mewn papur ar ei deithiau siopa wythnosol i'r dref ar y bws. Gwisgai ei gôt orau, sydd bellach yn hongian ar y landing, a chrysau gwynion wedi eu startsio. Roedd rhain yn dal i fod wedi eu plygu'n ofalus mewn drôr pan alwais yno.

Weithiau cerddai Goronwy i'w gaffi lleol gyda phapur newydd dan ei gesail. Arferai brynu un o'r *tabloids* a oedd yn groes i'w gymeriad braidd. Eisteddai yn y caffi gyda phaned yn darllen pob gair o'r papur. Pan fyddai'n helpu ar y fferm yn nes ymlaen, byddai'n llawn sgyrsiau hollol annisgwyl. Roedd y ffermwyr eraill yn methu deall sut oedd Goronwy â'i fys ar fotwm *celebrity gossip*, *showbiz* a ffasiwn.

Roedd Goronwy wastad yn cadw ei hun yn brysur. Ffermiai saith deg o ddefaid yn Nhŷ Hir, ar ei ben ei hun gan amlaf ac yntau'n oedrannus. Hoffai weithio trwy ddefnyddio'r hen ddulliau traddodiadol. Er enghraifft, byddai'n torri gwellt y cae wrth bwys y tŷ gyda phladur, er bod peiriannau torri gwair ar gael bryd hynny. Wrth gneifio, ni fyddai'n defnyddio peiriant, gan ffafrio gwellau cneifio traddodiadol.

Dangosodd Goronwy dalent brin yn hyfforddi cŵn defaid. Roedd ganddo ddawn naturiol gyda chŵn ac roedd wrth ei fodd yn eu cwmni. Pan oedd yn ifanc, arferai Goronwy ddreifio moto-beic, a byddai ei gi defaid yn gorwedd gydag o ar y tanc petrol. Bu'n arfer cynorthwyo fferm Tynygraig i hyfforddi eu cŵn defaid a hynny gyda chryn lwyddiant. Roedd teulu Tynygraig yn rhoi cŵn bach, deufis oed i Goronwy, ac yntau yn eu magu nes oeddent yn ddeg mis oed, cyn eu dychwelyd yn ôl i'r teulu. Wedyn byddent yn barod i gael eu hyfforddi

Y llofft flaen.

Cegin gefn. Mae clytiau a chôt law yn dal i sychu ar y lein. Gwelir y lamp stabal ar y cwpwrdd a ddefnyddiwyd gan Goronwy i oleuo lawr grisiau.

Llun y cefais hyd iddo yn Nhŷ Hir. Mae'n bosib mai Goronwy'n hogyn ifanc ydi o, ond methais gadarnhau hyn gyda neb oedd yn ei adnabod.

yn y caeau efo'r defaid. Weithiau rhoddid un neu ddau o gŵn i Goronwy eu magu, a byddai wrth ei fodd. Roeddent yn gwmni da iddo ac yn ei gadw'n brysur. Dysgodd Goronwy foesau da i'r cŵn, a byddent o natur annwyl a thymer dda ar ôl cael eu hyfforddi ganddo. Eisteddai allan yng nghefn y tŷ ar stôl, yn chwarae gyda'r cŵn bach, yn taflu pêl a'u dysgu i'w dychwelyd. Roeddent yn mynd gyda Goronwy i gasglu coed tân, ac yntau yn eu dysgu sut i orwedd ac aros wrth fynd â nhw am dro.

Roedd ci cyntaf Dewi Jenkins, mab Tynygraig, wedi cael ei fagu gan Goronwy. Sam oedd ei enw. Deg oed oedd Dewi ar y pryd, ac ysbrydolodd y ci Dewi i hyfforddi cŵn defaid ei hun. Am flynyddoedd wedyn, pryd bynnag yr âi Goronwy i Dynygraig, byddai Sam yn rhedeg i'w gyfarch yn wresog pob tro. Byddai Goronwy'n eistedd ar hen sach wlân ag yn dweud 'Sit' a byddai'r ci yn eistedd ar ei union, wedyn codai Goronwy ei fraich a dweud 'Shêc' a byddai'r ddau yn ysgwyd llaw. Aeth Dewi Jenkins yn ei flaen i brofi llwyddiant mawr yn hyfforddi cŵn defaid. Yn Ionawr 2021, torrodd Dewi record y byd am bris gwerthu ci defaid, gan chwalu'r record flaenorol.

Roedd ochr arall i gymeriad Goronwy oddi allan i'w gartref. Er ei fod yn ddyn preifat, roedd hefyd wrth ei fodd yng nghwmni pobl. Roedd yn hwyliog a chwrtais a mynwesol iawn. Roedd ganddo hiwmor da ac yn ddyn dymunol i'w gael o gwmpas. Roedd gan deuluoedd Tynygraig a Thanrallt feddwl mawr ohono, a buont yn garedig iawn wrtho, yn enwedig wrth i Goronwy fynd yn hŷn a phan na allai edrych ar ôl ei hun cystal, fel yr oedd wedi arfer. Buont yn cadw llygad arno, mynd â bwyd iddo ac yn helpu gydag anghenion gwahanol. Roedd gan Goronwy ychydig o ffrindiau at hynny hefyd, yn bennaf hen lanciau eraill roedd wedi eu cyfarfod yn y mart neu wrth wylio pêl-droed.

Roedd Goronwy'n angerddol am bêl-droed ac yn caru ei dîm lleol, Aberystwyth. Ble bynnag yr âi tîm Aberystwyth i chwarae, byddai Goronwy'n ei ddilyn. Mynychai bob gêm cartref, a phan roedd y tîm yn chwarae i ffwrdd, neidiai Goronwy ar y bws gyda'r cefnogwyr.

Parhaodd Goronwy i helpu ei gymdogion i lapio gwlân a gwneud ychydig o gneifio hyd at ei saithdegau hwyr. Yn y blynyddoedd a ddilynodd, cafodd dementia afael yn raddol arno. Weithiau anghofiai am ei ddefaid. Ar adegau eraill byddai'n anghofio prynu bwyd iddo'i hun, nes fod y cwpwrdd yn wag. Er ceisio'i orau glas i fyw'n annibynnol, cyrhaeddodd Goronwy bwynt yn ei wythdegau hwyr lle nad oedd yn gallu ymdopi gartref ar ei ben ei hun rhagor. Pan alwodd ffrind Goronwy yn Nhŷ Hir un noswaith gyda phryd o fwyd iddo, cafodd hyd iddo mewn cyflwr ofnadwy, yn gorwedd ar lawr carreg yr ystafell gefn. Roedd wedi bod yn ceisio cynnau tân yn yr aelwyd.

Bu Goronwy yn yr ysbyty am bedwar mis yn gwella a chryfhau. Cafwyd cryn drafferth yn dod o hyd i'w *records* meddygol cyn deall na chafodd Goronwy ei gofrestru gyda meddyg teulu erioed. Ateb syml Goronwy oedd nad oedd angen meddyg wedi bod arno. Nid oedd wedi gweld un ers pan oedd yn blentyn.

Pan oedd Goronwy'n barod i adael yr ysbyty, penderfynwyd ei symud i gartref gofal i'r henoed. Er ei fod wedi bod yn ddyn mor annibynnol drwy gydol ei fywyd, addasodd Goronwy i fywyd yn y cartref yn eithriadol o sydyn a diffwdan. Preswyliodd yno am dair blynedd hapus. Cafodd gysur mawr yn byw mewn lle mor glyd a chynnes. Galwai ei ffrindiau yn wythnosol i'w weld. Roeddynt yn hapus i weld ei fod wrth ei fodd yn ei gartref newydd. Roedd yn ddiolchgar iawn am bopeth a wnaeth gofalwyr y cartref drosto. Mwynhaodd baneidiau o de poeth a'r prydau bwyd rheolaidd, ond yn fwy na dim, mwynhaodd gael cwmni. O'r diwedd, roedd wedi cael yr hapusrwydd yr oedd yn ei haeddu. Bu farw Goronwy yn y cartref ar y 27fed o Dachwedd 2019, yn 91 oed.

Â Thŷ Hir yn wag a segur, mae wedi pydru'n dawel wrth ochr y ffordd. Disgynnodd mwy o lechi o'r to a syrthiodd cerrig o'r waliau yn eu tro. Mae'r traffig yn parhau i wibio heibio Tŷ Hir yn ddi-baid, ond prin y sylwa neb ar ei ddirywiad o dan orchudd y mieri trwchus a'i tagodd. Y bwriad ar y pryd oedd dymchwel cartref Goronwy a chodi tŷ newydd yn ei le, ond yn 2022 fe'i gwerthwyd i ŵr a gwraig o Dde Cymru oedd â chysylltiadau teuluol gyda Aberystwyth. Ar hyn o bryd, maent yn adnewyddu'r tŷ gan geisio cadw cyn gymaint o'r nodweddion gwreiddiol a chreu cartref teuluol er mwyn byw yno'n llawn amser.

Mae'r tŷ a'r dodrefn, y cotiau ar y landing, y ffon wrth ddrws y llofft, y llyfrau ar y bwrdd, a'r holl drugareddau personol a welir yn y lluniau, yn atgofion o fywyd diymhongar Goronwy Thomas. 'Dyn na wnaeth ddim drwg i neb.'

Goronwy, yn ei saithdegau, yn cneifio.
(Hawlfraint: Dafydd Jenkins)

CYMRU GUDD 47

FFATRI FERODO, CAERNARFON

Agorwyd ffatri Ferodo ar gyrion Caernarfon gan y Dywysoges Margaret yn 1962. Bu'n cynhyrchu brêcs i'r diwydiant moduron. Arferai'r ffatri fod yn un o brif gyflogwyr yr ardal, ac yn ei hanterth cyflogid mwy na mil a hanner o weithwyr yno.

Yn 1997 prynwyd y cwmni gan Americanwr o'r enw Craig Smith, a newidiwyd yr enw i Friction Dynamics. Erbyn hynny roedd nifer y gweithwyr wedi gostwng i ryw 220. Yn fuan wedi'r prynu, newidiodd Smith y telerau a'r amodau gweithio i geisio gwneud y ffatri yn fwy cystadleuol. Trafododd undeb y TGWU (Transport and General Workers Union) delerau ar ran y gweithlu, ond methodd y ddwy ochr â dod i gytundeb.

Ym mis Ebrill 2001 cynhaliodd aelodau undeb y TGWU weithredu diwydiannol yn sgil yr anghydfod am delerau ac amodau, gan bicedu wrth giatiau'r ffatri ar ôl iddynt gael eu cloi allan. Wyth wythnos yn ddiweddarach, diswyddodd penaethiaid Friction Dynamics wyth deg a chwech o aelodau'r undeb a oedd wedi cymryd rhan mewn gweithredu diwydiannol cyfreithlon. Arweiniodd hynny at anghydfod a aeth ymlaen am bron i dair blynedd, yr hiraf o'i fath yng ngogledd Cymru. Trefnwyd tair gorymdaith fawr yng Nghaernarfon, gyda miloedd o'r gymuned leol yno i ddangos cefnogaeth i'r gweithwyr a gafodd eu diswyddo.

Ym mis Hydref 2002, enillodd y gweithwyr eu hachos gerbron tribiwnlys cyflogaeth a ddyfarnodd eu bod wedi cael eu diswyddo'n anghyfreithlon. Roedd y gweithwyr

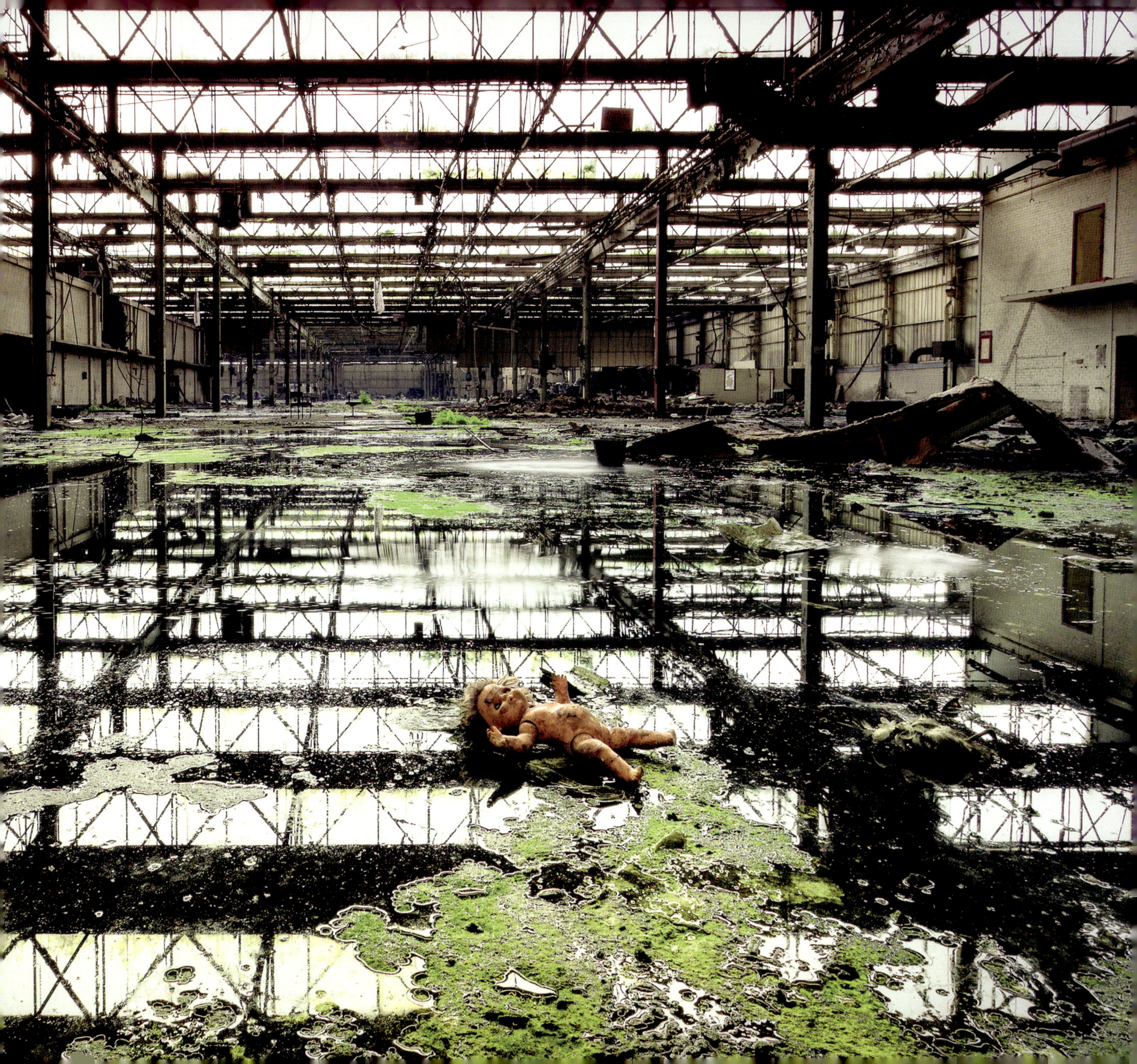

yn disgwyl iawndal, ond ni dderbyniodd yr un ohonynt geiniog gan y cwmni. Erbyn Awst 2003 diddymwyd Friction Dynamics a diswyddwyd y gweithlu cyfan. Sefydlwyd cwmni Dynamex Friction ar yr un safle dair wythnos yn ddiweddarach.

Daeth protest y gweithwyr i ben erbyn y Nadolig yn 2003. Ym Medi 2004, penderfynodd tribiwnlys cyflogaeth fod Friction Dynamics a Dynamex Friction yn gysylltiedig â'i gilydd, ac y dylai'r staff a gafodd eu diswyddo fod wedi cael cynnig gwaith gyda'r cwmni newydd. Caeodd y ffatri yn gyfan gwbl yn 2008. Ddeng mlynedd yn ddiweddarach rhoddwyd plac ar Faes Caernarfon i gofio am y streic, gyda'r dyfyniad: 'Gyda'n gilydd fe safwn ni'.

Rhan o'm swydd flaenorol oedd cynnal a thrwsio offer pwyso ar y safle, hyd at 1998. Gallaf gofio'r prif adeilad yn y llun, yn llawn o weithwyr, peiriannau, sŵn, jôcs, tynnu coes a chyd-dynnu. Heddiw, does dim i'w glywed yno, heblaw am sŵn dŵr yn diferu, a sgrech y gwylanod sy'n nythu ar y to ac yn torri ar y distawrwydd llethol.

Bellach, mae'r safle ar chwâl. Mae'r adeiladau wedi eu llosgi a'u malu, a sbwriel ar wasgar ar hyd y lle. Mae'r ffatri, y gweithdai a'r swyddfeydd yn pydru ac yn dadfeilio. Dros y blynyddoedd, mae nifer o gynlluniau uchelgeisiol i ddatblygu'r safle wedi eu cynnig, yn cynnwys carchar a pharciau gwyliau a thwristiaeth, ond hyd yn hyn does yr un wedi dwyn ffrwyth.

Wrth edrych ar y lle nawr, mae'n anodd credu pa mor bwysig y bu i economi'r ardal yn ei ddydd. Beth bynnag a ddaw o ddyfodol y safle, byddai'n braf meddwl y gallai gael ail fywyd, gan ddod â swyddi o ansawdd i bobl leol a chyfrannu at gymunedau Arfon unwaith eto.

Penddelw o Nelson ar safle gerddi cyn-gartref Syr Llewelyn Turner.

PENDDELW NELSON, CAERNARFON

Y tro nesaf y byddwch yn teithio dros Bont Britannia sy'n cysylltu Ynys Môn â'r tir mawr, os yw'n saff i wneud, edrychwch islaw i drio canfod y cerflun tal wrth lannau Afon Menai. Yno mae cerflun o'r Llyngesydd Horatio Nelson a grëwyd gan yr Arglwydd Clarence Paget (1811-1895) yn 1873, sef mab ieuengaf marcwis cyntaf Môn. Roedd Paget yn swyddog yn y llynges Brydeinig, yn wleidydd, cerfluniwr a chyn-Arglwydd y Morlys. Cafodd Paget yrfa ddisglair yn y llynges. Dechreuodd fel is-swyddog, a dyrchafwyd ef yn gomander ac yna'n gapten cyn cyrraedd safle Dirprwy Lyngesydd yn 1865. Roedd ei gartref ym Mhlas Llanfair, Llanfairpwll, nepell o'r cerflun. Syniad gwreiddiol Paget oedd creu cerflun o Neifion (Neptune) – duw môr y

Y cerflun o Horatio Nelson o 1873 ar lannau Afon Menai ger Pont Britannia.

Rhufeiniaid ar graig wrth y môr, islaw'r plas.

Un o ffrindiau pennaf Paget oedd Syr Llewelyn Turner (1823-1903). Roedd Turner yn gyfreithiwr ac yn wleidydd a bu'n faer Caernarfon am un mlynedd ar ddeg rhwng 1859 a 1870. Bu hefyd yn Ddirprwy Gwnstabl Castell Caernarfon. Cafodd ei urddo'n farchog yn 1870, ac apwyntiwyd ef fel Uchel Siryf Sir Gaernarfon yn 1886-87.

Roedd Turner, fel Paget, yn forwr o fri. Ei brif ddiddordeb oedd hwylio ei iot a chystadlu mewn regatas dros Brydain. Yn 1847, ac yntau'n 24 oed, sefydlodd Glwb Iotio Brenhinol Cymru, clwb sydd yn

Mae blynyddoedd o esgeulustod a thywydd wedi gadael eu hôl ar y penddelw.

Admiral Lord Clarence Paget. (Hawlfraint: Alamy)

bod hyd heddiw, a gwirfoddolodd gyda'r Bad Achub am flynyddoedd maith. Bu hefyd yn rhan greiddiol o sefydlu'r Gymdeithas Lluoedd Arfog Wrth Gefn yng Nghaernarfon.

Datgelodd Paget ei syniad am gerflun wrth Syr Llewelyn Turner. 'Neptune be hanged!' meddai yntau. 'What has Neptune done for us? Nelson is the proper subject.'

Ymateb parod Paget oedd 'Right you are, and Nelson be it.' A gyda hynny, fe aeth ati i adeiladu'r cerflun mewn allandy ym Mhlas Llanfair.

Cwt glo oedd rhan isaf yr allandy, a defnyddid y rhan uchaf ohono i storio hwyliau, rhwydi ac ati. Fe chwalwyd rhan ganol y llawr rhwng y cwt glo a'r storfa er mwyn defnyddio'r gweddill fel llwyfan i weithio ar ran ucha'r cerflun. Penderfynwyd adeiladu'r cerflun â choncrit oherwydd ei fod yn ddefnydd rhad â pharhad ynddo ac yn haws i'w drin o'i gymharu â marmor neu efydd. Pan gwblhawyd y cerflun, fe'i symudwyd i'w leoliad wrth lan Afon Menai fesul darn a'i osod ar golofn gyda'r arysgrif: 'England expects that every man will do his duty'. Dyna'r signal a yrrodd Nelson i'w lynges ym Mrwydr Trafalgar lle bu farw yn 1805. Mae'r cerflun yn dirnod nodweddiadol wrth lan y Fenai hyd heddiw, ac yn ganllaw mordwyaeth ar gyfer hwylwyr yn y darn peryglus yma o ddŵr.

Ond beth yw hanes y penddelw o Nelson sydd yn guddiedig mewn coedlan ger Caernarfon?

Mae'n amlwg nad yw'r cerflun hwn wedi goroesi cystal â'i gymar wrth lannau Afon Menai. Mae talpau o blastr wedi disgyn o'i wyneb, gan achosi dirywiad i'r llygad chwith, y trwyn a rhan o'r wefus. Gwelir yr un arysgrif: 'England expects that every man will do his duty' ar y golofn, ond mae'n anodd i'w darllen oherwydd effaith y tywydd arni dros y blynyddoedd.

Saif y penddelw mewn cornel o ardd breifat sydd

Syr Llywelyn Turner. Tynnwyd y llun gan Jones, Son & Harper Photography. Mae i'w weld yn y gyfrol *The Memories of Sir Llewelyn Turner*, J. E. Vincent (gol.).

Lord Clarence Paget a'i gerflun o Nelson. Llun o'r gyfrol *The Memories of Sir Llewelyn Turner*, J. E. Vincent (gol.).

bellach wedi tyfu'n wyllt – llecyn a fu unwaith yn rhan o erddi plasty Syr Llewelyn Turner. Honna perchennog presennol y safle mai Paget greodd y penddelw fel ymarfer cyn cwblhau'r cerflun wrth y Fenai, ac iddo ei roi fel anrheg i Turner. Roedd gan Turner nifer o gerfluniau o gymeriadau nodweddiadol yng ngerddi ei blasty, gan gynnwys un o'r Llyngesydd Robert Otway, tad yng nghyfraith Paget, yn ogystal â ffrind i Horatio Nelson. Er nad yw'r plasty yno bellach, mae rhai o'r cerfluniau o gyfnod Turner yng ngardd y perchennog presennol hyd heddiw.

Fel y crybwyllwyd eisoes, roedd Paget a Turner yn gyfeillion agos, y ddau yn rhannu cariad angerddol tuag at y môr a bywyd morwrol. Mae penddelw Nelson yn union yr un fath o ran steil â'r cerflun enwog ar lannau'r Fenai, ond rwyf i wedi methu â dod o hyd i unrhyw wybodaeth bellach amdano. Gresyn nad oes tystiolaeth bendant ynghylch honiadau'r perchennog ynglŷn â'r

penddelw – hyd yn hyn. Mae'n stori dda, ac yn hollol gredadwy, ond i mi'n bersonol, mae dirgelwch ei darddiad a'i hanes yn ychwanegu mwy at ramant y penddelw yn y goedlan.

Plasdy Parkia, cyn-gartref Syr Llewelyn Turner. Fe losgwyd y plasty a'i ddymchwel. Llun o gasgliad perchennog y safle.

CYMRU GUDD 53

CAPEL CHWAREL DOROTHEA, DYFFRYN NANTLLE

Cychwynnodd y gwaith yn y chwarel lechi fawr hon yn yr 1820au. Yn 1829 rhoddwyd y gweithfeydd ar rent gan William Turner, ac fe'i henwodd yn Gloddfa Turner. Daeth mab Turner yn rheolwr yn yr 1830au ac ailenwodd y gweithfeydd yn Chwarel Dorothea, yn ôl y sôn ar ôl enw gwraig y tirfeddiannwr, sef Richard Garnons.

Arafodd busnes yn y chwarel yn yr 1840au, ac fe'i rhoddwyd ar werth yn 1848. Fe'i prynwyd gan grŵp o chwarelwyr dan arweiniad John Robinson, William Owen a John Jones. Roedd y chwarel yn ei hanterth rhwng 1872 a 1875. Gostyngodd gwaith cynhyrchu'r chwarel yn sylweddol ar ôl yr Ail Rhyfel Byd, cyn cau yn gyfan gwbl yn 1970.

Saif y capel bychan ynghudd ymysg y coed ar gyrion Chwarel Dorothea, gerllaw'r hen dramwyfa a arweiniai ar un adeg at Blas Tal-y-sarn sef cartref teuluol John Robinson.

Arferai'r capel fod yn addoldy preifat i deulu Robinson ond cafodd ei esgeuluso pan roddodd Robinson arian i adeiladu'r eglwys gyntaf yn Nhal-y-sarn, sef Eglwys Sant Ioan yn 1871. Mae ffenestr ddwyreiniol yr eglwys wedi ei chreu er cof am wraig gyntaf Robinson a fu farw yn ifanc yn 1871.

Yn ddiweddarach yn yr 1930au, fe ddefnyddiwyd y capel bach fel bwthyn i arddwr Plas Tal-y-sarn. Llosgwyd yr adeilad yn ulw mewn tân bwriadol yn yr 1950au.

Mae llawer o hanes a murddunnod o gwmpas y chwarel. Un o'r rheiny yw adeilad y Cornish Beam Engine, sydd wedi'i restru fel adeilad Gradd 1, ac sydd yno ers 1904. Fe'i defnyddiwyd i bwmpio pyllau'r chwarel hyd nes i'r injan gael ei disodli gan bympiau trydan.

Dim ond cragen a ffens sydd o amgylch Plas Tal-y-sarn heddiw. Mae'n debyg mai dyma fydd hanes y capel bach hefyd.

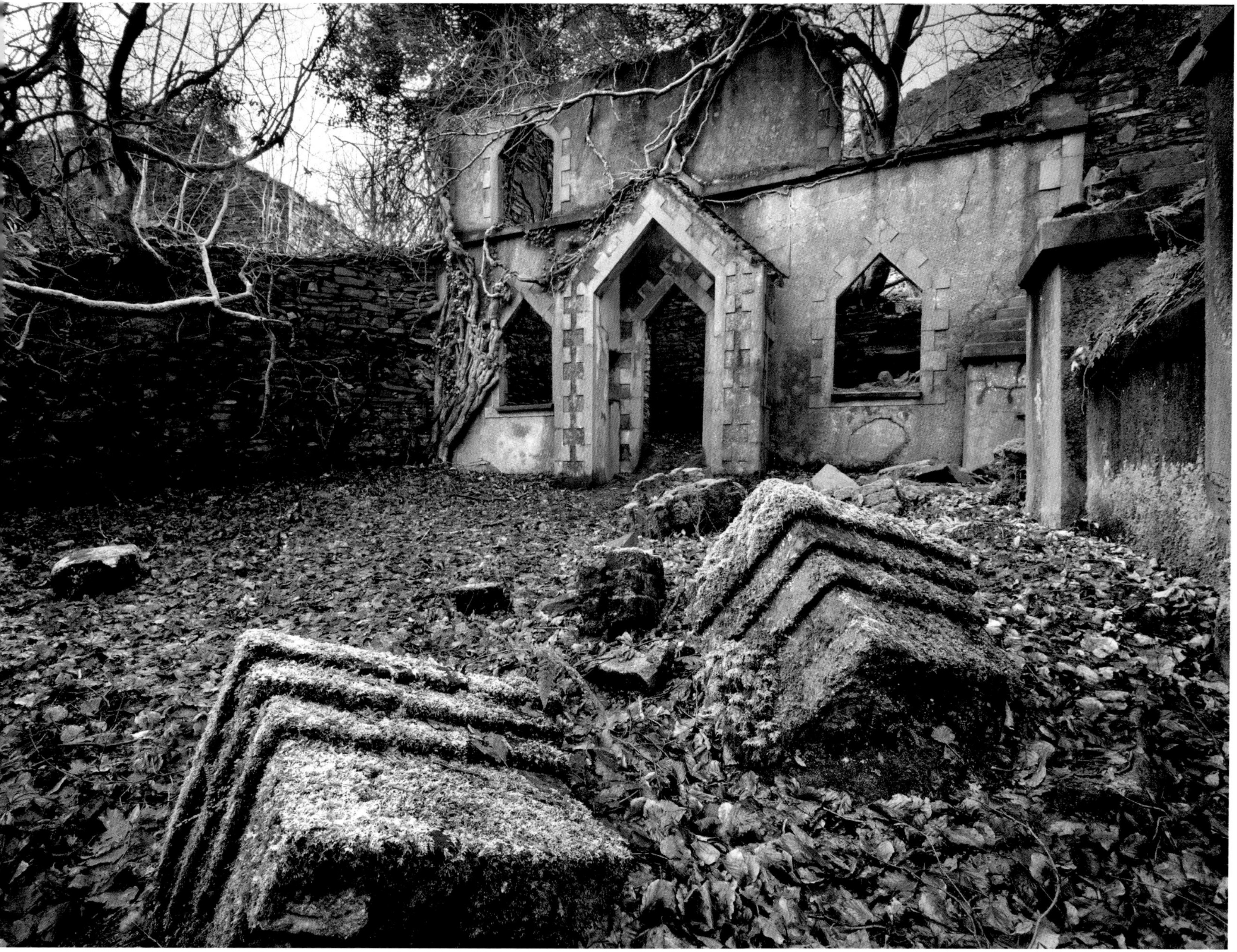

BRYNLLIDIART, CWM SILYN

Mae Brynllidiart yn adfail ers i deulu Mathonwy adael dros chwe deg mlynedd yn ôl.

Bryn Llidiart gyda Chraig Cwm Silyn yn y cefndir.

Saif Brynllidiart mewn llecyn diarffordd a noethlwm ymysg gweunydd moel a mawnog. O'i ucheldir, mae'r murddun yn edrych i lawr tuag at bentref Tal-y-sarn, gyda golygfeydd ysblennydd o Abermenai ac Ynys Môn. Cwm Silyn sydd tu ôl i'r bwthyn, gyda'i lynnoedd gloyw a'i graig anferth yn gwarchod drostynt. Gydag erwau gwyllt, mynyddig o'i gwmpas i ysbrydoli'r enaid, yr oedd Brynllidiart yn gartref delfrydol i fagu beirdd, a dyna a ddigwyddodd yno.

Mae'n debyg mai Brynllidiart yw'r unig fwthyn yng Nghymru lle magwyd dau brifardd o ddwy genhedlaeth, sef Robert 'Silyn' Roberts (1871-1930), bardd, sosialydd, athro a phregethwr, ac yna ei nai, Mathonwy Hughes (1901-1999), bardd, llenor a newyddiadurwr.

Ganwyd Silyn Roberts ym Mrynllidiart ac fe'i haddysgwyd gartref tan ei fod yn saith oed gan ei fam Ellen Roberts (née Williams) a'i dad, Robert John Roberts, neu Robert Jones Pen Cymffyrch i'w gymdogion. Cafodd Ellen ddau o blant, sef Silyn, yr hynaf, ac Ellen (Nel), mam Mathonwy Hughes. Cafodd Silyn ei addysg ffurfiol gyntaf yn Ysgol Gynradd Nebo, lle bu'n ddisgybl disglair. Roedd ei siwrnai ddyddiol yno

CYMRU GUDD 57

Y rhostir anial o amgylch Brynllidiart yn wyllt unwaith eto.

tua thair milltir ar droed dros gorsydd anial y cwm.

Gadawodd Silyn yr ysgol yn bedair ar ddeg oed ac aeth i weithio yn y chwarel. Cwblhaodd ei brentisiaeth a bu'n gweithio fel chwarelwr am bum mlynedd. Roedd Silyn yn un o'r rhai cyntaf i ennill ysgoloriaeth i Brifysgol Bangor. Astudiodd hefyd yng Ngholeg Diwinyddol y Bala. Rhwng 1901 ac 1905 bu'n weinidog gyda'r Methodistiaid Calfinaidd yn Lewisham, Llundain, ac yn ystod y cyfnod hwn fe'i coronwyd yn Brifardd Eisteddfod Genedlaethol 1902 am ei bryddest 'Trystan ac Esyllt'. Mae'r goron i'w gweld heddiw yn Amgueddfa Bangor. Tra oedd yn byw yn Llundain cafodd ei ddewis fel aelod Llafur ar Gyngor Sir Meirionnydd yn 1908, ac wrth ddarllen yn yr Amgueddfa Brydeinig, daeth i adnabod Lenin.

Yn 1905 dychwelodd Silyn i Gymru, a bu'n weinidog yn Nhanygrisiau, Blaenau Ffestiniog hyd at 1913, lle bu'n ddiwyd gyda'r Blaid Lafur Gynnar (yr ILP). Yn y flwyddyn honno priododd ei wraig, Mary Silyn Roberts, a oedd yn enedigol o'r Wyddgrug ac wedi'i magu yn Llundain. Roedd Mary yn un o'r merched cyntaf i ennill gradd ym Mhrifysgol Aberystwyth, lle'r aeth hi ymlaen i ddarlithio. Darlithiai a phregethai Silyn hefyd, yn yr Unol Daleithiau a Chanada, yn casglu arian a chodi ymwybyddiaeth o'r frwydr yn erbyn darfodedigaeth.

Ar ddechrau'r Rhyfel Byd Cyntaf yn 1914, gweithiodd Silyn yn frwd ac yn ddiwyd i chwilio am gomisiynau ar gyfer milwyr Cymreig yn y lluoedd arfog. Pedair blynedd yn ddiweddarach penodwyd Silyn gan y llywodraeth fel comisiynydd drwy Gymru i drefnu hyfforddiant ar gyfer cyn-filwyr gydag anableddau. O bosib, un o gampau mwyaf Silyn oedd cyd-sefydlu Cymdeithas Addysg y Gweithwyr (WEA) yng ngogledd Cymru yn 1925.

Roedd Silyn yn awdur cynhyrchiol. Cyhoeddodd nifer o gyfrolau, gyda rhai o'i gerddi wedi eu hysgrifennu dan ei enw barddol, Rhosyr. Cyfrannodd lawer at *Y Glorian*, *The Welsh Outlook* ac *Y Dinesydd Cymreig*, ymysg eraill. Teithiodd yn eang drwy Ewrop ac America, ond Dyffryn Nantlle a ystyriai fel ei gartref ysbrydol. Ar fordaith yn ôl o Rwsia, fe bigwyd Silyn deirgwaith yn ei wyneb wrth i'r llong hwylio drwy gwmwl o fosgitos. Dioddefodd dwymyn uchel ond llwyddodd i gyrraedd adref a gwella'n llwyr. Dychwelodd y twymyn ychydig dros fis yn ddiweddarach a bu farw Silyn ym Mangor ar Awst 15ed, 1930, yn 59 oed. Gadawodd wraig, dau fab ac un ferch.

Pan anwyd Mathonwy Hughes yn unig blentyn i'w rieni, Joseph ac Ellen Hughes, ddeng mlynedd ar hugain ar ôl ei ewythr, tair erw a buwch oedd ym Mrynllidiart. Gweithiai

Brynllidiart yn 1926.

Robert 'Silyn' Roberts.
(Hawlfraint: Gwasg y Brython)

Ellen fel gwniadwraig a Joseph fel chwarelwr. Prin y gallai Joseph siarad Saesneg, heblaw ychydig o eiriau syml, ond roedd Ellen yn ddarllenwr brwd yn y Gymraeg a'r Saesneg, ac roedd ganddi gasgliad eang o lyfrau ym Mrynllidiart. Gyda'i gartref mor ddiarffordd ac anghysbell, mae'n debyg y darllenodd Mathonwy gryn dipyn o lyfrau yn ei ddyddiau cynnar ym Mrynllidiart.

Fel ei ewythr, dechreuodd addysg Mathonwy yn Ysgol Gynradd Nebo pan oedd yn saith oed, a cherddodd yntau yr un daith hir yno dros y rhostir bob dydd. Mwynhaodd Mathonwy ei amser yn yr ysgol a rhagorodd fel disgybl. Nid yw'n syndod mai barddoniaeth a llenyddiaeth oedd ei ddiddordeb pennaf yno, ac fe enillodd gystadleuaeth ysgrifennu i blant yn ddeg oed. Yn sgil salwch, collodd y cyfle i fynychu Ysgol Dyffryn Nantlle ac aeth i Ysgol Clynnog, a olygai daith gerdded oedd yn llawer hirach!

Pan oedd yn ugain oed enillodd Mathonwy ei gadair eisteddfodol gyntaf yn Eisteddfod Tal-y-sarn ar y testun 'Gwastadedd Meira' o'r Hen Destament. Aeth ati o ddifri i gystadlu wedyn a bu'n hynod o lwyddiannus, gan gipio tair cadair arall yn yr un flwyddyn, ac un arall ddwy flynedd yn ddiweddarach. Bu Mathonwy yn gweithio fel gwerthwr yswiriant am gyfnod, gan deithio o gwmpas ei waith ar ei foto-beic.

Ymunodd â'r Gwasanaeth Gwladol pan gychwynnodd yr Ail Ryfel Byd, a phan ddaeth y rhyfel i ben, roedd wrth ei fodd yn derbyn swydd yng Ngwasg Gee yn Ninbych, fel is-olygydd *Y Faner* gan gydweithio â Kate Roberts a Gwilym R. Jones. Golygodd *Faner ac Amserau Cymru* o 1949 tan 1977.

Priododd Mathonwy ei wraig, Mair, yn 1954. Un o Ddinbych oedd Mair ac yno yr ymgartrefodd y ddau. Roedd Mathonwy, fel Silyn a Mary, yn weithgar iawn gyda Chymdeithas Addysg y Gweithwyr ac fel athro, cynhaliodd ddosbarthiadau i oedolion yn Ninbych am bum mlynedd ar ugain.

Enillodd Mathonwy y gadair yn Eisteddfod Genedlaethol Aberdâr yn 1956 am ei awdl ysgafn 'Gwraig'. Mae'r gadair honno bellach yn perthyn i or-wyres Silyn sy'n byw yn Kawau, ynys fechan ym Mae Auckland, Seland Newydd. Yn 1977 enillodd ysgoloriaeth Syr Ifor Williams i astudio gwaith ei gyfaill agos, Gwilym R. Jones, yng Ngholeg y Brifysgol ym Mangor. Arweiniodd y gwaith ymchwil at gyhoeddi'r gyfrol *Awen Gwilym R.* yn 1980.

Roedd Mathonwy yn fardd a llenor toreithiog. Cyhoeddodd bedair cyfrol o farddoniaeth, sef *Ambell Gainc* (1957), *Corlannau* (1971), *Cneifion* (1979), *Cerddi'r Machlud* (1986), a phum cyfrol o ysgrifau, sef *Myfyrion* (1973), *Dyfalu* (1979), *Gwin y Gweunydd* (1981), *Chwedlau'r Cynfyd* (1983), a *Pryf yn y Pren* (1991). Cyhoeddwyd ei hunangofiant *Atgofion Mab y Mynydd* yn 1982, a chafwyd cyfrol goffa iddo o'r enw *Cofio Mathonwy* yn 2001.

Bu farw Mathonwy ym mis Mai 1999. Ei deulu oedd yr olaf i fyw ym Mrynllidiart, a oedd wedi dirywio i fod yn furddun erbyn o leiaf yr 1960au. Ar Mawrth 28ain, 2021, cynhaliwyd gŵyl rithiol 'Yn Ôl i Frynllidiart' er mwyn nodi can mlynedd a hanner ers geni Silyn, a chant ac ugain o flynyddoedd ers geni Mathonwy. Dadorchuddiwyd plac coffa ar fur Brynllidiart, er cof am y ddau gawr a'u cyfraniad i ddiwylliant Cymru.

Dim ond ei furddun unig
A weli fry ar dal frig
Yn ei heddwch mynyddig.

Diolau a diaelwyd
Yw y lle diarffordd llwyd
I dywydd a adawyd.

Tir pell y diadelloedd,
Darn di-werth a driniwyd oedd,
Ond Eden i'm taid ydoedd.

Detholiad o 'Brynllidiart' gan Mathonwy Hughes.

Mathonwy Hughes. Llun clawr cyfrol Cofio Mathonwy a gyhoeddwyd gan Wasg Gwynedd, 2001.
(Hawlfraint: Gwasg Gwynedd)

BRYN GWYN, YSBYTY IFAN

Bryn Gwyn.

Ers canrifoedd mae bryniau Hiraethog wedi gwarchod Bryn Gwyn a'i straeon difyr. Wrth edrych ar y tŷ hynafol mewn llecyn anial, mae'n anodd dychmygu pam fod rhai ymwelwyr, yn enwedig ambell Americanwr, yn dyheu i ddod o hyd iddo.

Y rheswm dros y fath ddiddordeb a'r pererindodau yw bod modd olrhain gwreiddiau teuluol Abraham Lincoln, un o arlywyddion mwyaf blaenllaw hanes America, yn uniongyrchol i Fryn Gwyn.

Yn hanner olaf yr ail ganrif ar bymtheg, gŵr o'r enw John Morris oedd yn ffermio Bryn Gwyn. Oddi yno, mentrodd ei ferch, Ellen Morris, ar daith a fyddai'n newid

Camu mewn i gyntedd Bryn Gwyn. Mae'r hen gyfrwy a gwellau cneifio ar y pared yn rhoi blas ar y bywyd oedd yma unwaith.

Y lle tân anferth gyda blynyddoedd o olion nythod brain wedi disgyn i lawr y simdde.

ei byd am byth. Cychwynnodd dros y mynydd i ymuno â'r Crynwyr yn y Bala, ac yna aeth gyda'r Crynwyr o'r Bala i Lerpwl gan hwylio i Bennsylvania er mwyn cychwyn bywyd newydd a chyffrous fel rhai o'r gwladfawyr cynharaf i sefydlu yno.

Ym Mhensylvania, cyfarfyddodd Ellen â Cadwaladr Evans o'r Bala. Priododd y ddau yng Ngwynedd, Pennsylvania, ac fe aned merch iddynt o'r enw Sara. Ymhen amser, priododd Sara â John Hanks a chawsant ferch, sef Nancy Hanks. Priododd Nancy gyda Thomas Lincoln, a nhw ill dau oedd rhieni Abraham Lincoln.

Ganwyd Abraham Lincoln mewn caban pren yn Kentucky i fywyd tlawd iawn. Roedd ei fam yn anllythrennog a phrin y gallai ei dad ysgrifennu ei enw. Ychydig iawn o addysg ffurfiol a gafodd Lincoln. Pan oedd yn fachgen ifanc penderfynodd addysgu ei hun a daeth yn ddarllenwr brwd – byddai'n darllen hyd yn oed wrth weithio yn y caeau yn blentyn. Dysgodd y gyfraith iddo ei hun ac yntau'n gweithio mewn siop leol, ac aeth ymlaen i weithio fel cyfreithiwr llwyddiannus am ugain mlynedd. Yn 1861 etholwyd Lincoln yn unfed Arlywydd ar bymtheg. Tra bu'n Arlywydd arweiniodd y wlad trwy ryfel cartref, llwyddodd i warchod yr Undeb, dileu caethwasiaeth, cryfhau'r llywodraeth ffederal a moderneiddio'r economi. Llofruddiwyd Lincoln ar Ebrill 14, 1865 gan John Wilkes Booth tra roedd yr Arlywydd yn gweld sioe yn Theatr Ford, Washington, gyda ei wraig.

Nid gwreiddiau Abraham Lincoln yw'r unig rai sy'n treiddio'n ôl i Fryn Gwyn. O fynd yn ein holau ymhellach, mae stori am ŵr bonheddig lleol ac uchelwr

Mae amser wedi aros yn llonydd ym Mryn Gwyn.

Mae'n debyg nad ydi llofftydd Bryn Gwyn wedi newid rhyw lawer ers eu hadeiladu.

blaengar a gychwynnodd ar daith bwysig o Fryn Gwyn. Gwnaeth Rhys Fawr ap Maredudd enw iddo'i hun fel ffrind a banerwr i Harri Tudur ar Faes Bosworth yn 1485. Pan gyrhaeddodd Harri Tudur Aberdaugleddau, fe atgyfnerthwyd ei fyddin gan luoedd o ymladdwyr a deithiodd o hyd a lled Cymru i'w gefnogi. Un o'r lluoedd yma oedd Gwŷr y Wlad Ucha', sef byddin o ddynion o ucheldiroedd Hiraethog o dan arweiniad Rhys Fawr. Yn ôl un hanes, Rhys Fawr roddodd yr ergyd farwol a laddodd Richard III ar faes brwydr Bosworth ac yn sgil ei farwolaeth fe goronwyd Harri Tudur yn frenin Lloegr ar faes y gad.

Mae Bryn Gwyn wedi bod yn berchen i'r un teulu ers dros dair cenhedlaeth bellach. Yr un olaf i fyw yno oedd beili lleol yn yr 1940au. Dywedodd y perchennog presennol, Eirian Roberts, wrthyf ei bod yn cael ymwelwyr o Bennsylvania sy'n destun balchder mawr iddi. Mae'n gobeithio y gall y tŷ gael ei adfer i'r dyfodol. Gwartheg o fferm Eirian sydd yn crwydro o amgylch Bryn Gwyn gan amlaf y dyddiau hyn, er yn ei ddydd byddai'r tŷ yn llawn prysurdeb, gan ei fod ger hen ffordd porthmyn bwysig ac mae croesffordd hynafol islaw'r tŷ. Mae un o'r ffyrdd yn ymestyn i Sir Fôn ac un arall i'r Bala. Mae'n debyg mai'r un ffordd a droediodd Ellen Morris slawer dydd, ar daith ddewr a gychwynnodd o Fryn Gwyn, Ysbyty Ifan, ac a gyrhaeddodd y Tŷ Gwyn yn Washington dair cenhedlaeth yn ddiweddarach.

NYTH BRÂN, CAPEL CURIG

Ceir y cofnod cynharaf am y fferm yn 1647 a'i henw bryd hynny oedd Cefn Ysgubell. Ar y fferm roedd bwthyn y ffermwr, adeiladau allanol a chant tri deg o aceri o dir. Teulu Wynn, Gwydir oedd berchen y stad, sef perchnogion castell Gwydir. Câi'r Wynniaid eiddo trwy brynu cyfran rhydd-ddeiliaid unigol, prynu blociau mawr o dir y Goron a meddiannu tir diffaith. Mae'n debyg bod Cefn Ysgubell a'r fferm gyfagos, Bryn Brethynnau wedi'u prynu gan rydd-ddeiliaid. Priododd Mary Wynn, a etifeddodd y stad yn 1684, gyda darpar Ddug Ancaster. Maes o law daeth y stad yn rhan fechan o stad Ancaster, a oedd â'i phencadlys yng Nghastell Grimsthorpe, Swydd Lincoln. Yn y bedwaredd ganrif ar bymtheg hon oedd yr wythfed stad fwyaf ym Mhrydain.

Ers o leiaf 1816, Richard Roderick oedd yn ffermio Cefn Ysgubell. Erbyn 1839, roedd y denantiaeth yn cael ei rhannu rhwng Jane Roderick, gweddw Richard, a Jane Williams. Erbyn 1841, roedd gan fab Richard a Jane, Roderick Pritchard, llafurwr amaethyddol, gyd-denantiaeth a ffermiai 45 erw. Erbyn 1851, pan agorwyd Chwarel y Rhos, aeth Roderick yn chwarelwr llechi. Bu'n gweithio fel chwarelwr am ugain mlynedd yng Nghapel Curig a chafodd chwech o blant. Bu'n rhaid i'w fab hynaf, Richard Roderick, ymfudo i'r Unol Daleithiau yn yr 1850au i osgoi erlyniad a'r posibilrwydd o ddedfryd lem ar ôl cael ei ddal yn potsio am yr ail waith. Yn 1864, bu farw'r mab ieuengaf, William, yn ddeuddeg oed.

Erbyn 1870, roedd gan Roderick a'i wraig Elinor ddwy o ferched oedd yn byw gartref. Roedd eu mab canol, David, oedd hefyd yn chwarelwr, yn byw mewn hen adeilad ar y fferm gyda'i briod a thri o blant

Llun ar silff ben tân Nyth Brân yn 2018. Whay Campion ar y dde.

o dan bump oed. Ond newidiodd pethau pan gynhaliodd Stad Gwydir yr adolygiad rhent cyntaf ers peth amser ac fe godwyd rhent y fferm o 27%. Ar ben hynny, fe orchmynasant Roderick i droi ei fab a'i deulu allan oherwydd nad oedd yr hen adeilad yn addas i bobl fyw ynddo. Mae'n ymddangos mai dyma oedd y catalydd i'r ddau deulu adael y fferm. Nid oes sôn am Gefn Ysgubell yng nghyfrifiad 1871 ac ymddengys i'r hen ffermdy gael ei adael yn wag. Symudodd Roderick i dŷ teras ym Mlaenau Ffestiniog, tref a oedd yn ehangu'n gyflym ar y pryd. Bu farw ddwy flynedd yn ddiweddarach a chladdwyd ef yng Nghapel Curig mewn bedd heb ei nodi. Symudodd David i Lanfihangel-y-traethau, ger Llanbedr ym Meirionnydd, a pharhaodd i weithio fel chwarelwr. Yn 1895, gwerthodd Stad Gwydir Gefn Ysgubell, ynghyd â'r rhan fwyaf o'u heiddo yng Nghapel Curig. Fe'i gwerthwyd ar y cyd gyda fferm gyfagos, Waen Hir, gan greu cyfanswm o gant wyth deg erw.

Rywbryd yn gynnar yn yr ugeinfed ganrif, gwnaed gwaith adnewyddu mawr ar Gefn Ysgubell. Ehangwyd y bwthyn carreg gyda'r strwythur ffrâm bren sy'n dal yno hyd heddiw. Daeth y bwthyn gwreiddiol wedyn yn gegin ac yn ystafell fwyta'r fferm. Newidiwyd enw'r tŷ i Nyth Brân.

Ystafell fyw Nyth Brân, Mawrth 2018.

Teulu Tetlow

Ganed Henry Hubie Tetlow, neu Hugh fel y'i gelwid, yn Preston ar yr 22ain o Fawrth 1923. Yn ddeg oed, fe symudodd i Nyth Brân gyda'i fodryb Nancy a'i nain oedrannus. Unig blentyn oedd Hugh. Bu farw ei fam yn fuan ar ôl rhoi genedigaeth ac ymfudodd ei dad i Awstralia, gan adael Hugh yng ngofal ei frodyr a'i chwiorydd yng nghartref y teulu yn ardal Manceinion. Yn 1933 dechreuodd mam Nancy ddioddef gan ddementia. Roedd gan ei meibion gywilydd o'i hymddygiad cynyddol anwadal, yn enwedig o fewn eu cymdeithas sidêt nhw. Roedden nhw eisiau ei rhoi mewn seilam, ond anghytunai Nancy'n chwyrn â bwriadau ei brodyr ac felly penderfynodd ofalu amdani ei hun. Dros y ffôn, fe brynodd Nancy adeilad oedd wedi mynd â'i ben iddo yn Eryri o'r enw Nyth Brân.

Fe gofiai Hugh fod Nyth Brân yn lle cyntefig iawn pan symudodd y tri yno. Wrth gwrs, roedd teulu Hugh wedi symud o dŷ maestrefol mewn ardal gyfoethog ym Manceinion, lle roedd ganddyn nhw forwyn a garddwr. Roedd symud i ochr mynydd yn Eryri, lle nad oedd system garffosiaeth, dŵr glân, trydan na ffôn yn sioc. Er hynny, buan iawn y daeth Hugh i arfer â'i fywyd newydd yn Nyth Brân. Roedd wrth ei fodd yn crwydro'r coed a'r rhostir gyda'i ysbienddrych a'i bapur ysgrifennu, gan dreulio oriau yn archwilio, gwylio adar a chofnodi'r bywyd gwyllt wrth fwynhau awyr iach y mynydd. O'r cychwyn cyntaf roedd gan Hugh gyswllt clos â bywyd gwyllt a harddwch Eryri a theimlai yn ei elfen yn y bryniau uwchben Capel Curig. Byddai ei arsylwadau a'i brofiadau o'r byd naturiol o'i gwmpas yn ysbrydoli cerddi a gyfansoddodd yn ystod ei gyfnod yn Nyth Brân.

Llwyddodd y teulu i gynnal eu hunain mewn gwahanol ffyrdd, ond yn raddol gwaethygodd dementia nain Hugh. Pan fyddai ar ei gwaethaf, byddai Doctor Bowen, y meddyg teulu, yn gorfod rhoi pigiadau iddi. Oherwydd prysurdeb ym meddygfa Doctor Bowen ym Metws-y-coed bu'n rhaid cyflogi locwm. Gŵr oedrannus oedd y locwm, a oedd yn beryg bywyd y tu ôl i lyw car. Awgrymodd Nancy y câi'r locwm ddefnyddio ei char hi a chynigiodd i Hugh fod yn yrrwr iddo fel y gallai ennill rhywfaint o arian. Roedd Hugh wedi gadael yr ysgol erbyn hyn ac yn aros i gael ei alw i'r RAF. Treuliai lawer o amser yn nhŷ Dr. Bowen, a daeth hynny'n fendith iddo oherwydd yn 1940 mewn parti Nadolig a drefnwyd i'r bobl ifanc gan wraig Dr. Bowen fe gyfarfu â Lore Jacobi.

Ganed Lore yn Frankfurt, yr Almaen yn 1923. Bu farw ei mam pan oedd Lore yn ddim ond naw oed, ac yna bu farw ei thad bum mlynedd yn ddiweddarach, yn fuan wedi iddo lwyddo i symud Lore o'r Almaen Natsïaidd i dde Lloegr yn sgil Kristallnächt ar y nawfed o Dachwedd, 1938. Erbyn i'r Ail Ryfel Byd ddod i ben yn 1945, roedd Lore wedi colli ei theulu i gyd.

Hugh Tetlow yn fachgen ifanc.

Hugh Tetlow o flaen Nyth Brân yn y tridegau hwyr / pedwardegau cynnar.

Er llwyddo o drwch blewyn i ddianc o ddwylo'r SS, nid oedd bywyd Lore yn Lloegr yn hawdd. Roedd yn rhaid iddi addasu i fywyd mewn ysgol breswyl draddodiadol yn Eastbourne, heb fod yn gallu siarad Saesneg, ac mewn awyrgylch a oedd ar y cyfan yn angharedig at siaradwyr Almaeneg. Dysgodd Saesneg ac yn fuan iawn roedd ganddi feistrolaeth lwyr ar yr iaith.

Ar drothwy yr Ail Ryfel Byd yn 1939, symudwyd Lore a'i chyd-ddisgyblion i Fetws-y-coed. Trosglwyddwyd y disgyblion a'r athrawon i westy plasty Craig y Dderwen a fu gynt yn un o hoff gyrchfannau'r cyfansoddwr enwog o Loegr, Edward Elgar. Ar waelod rhodfa'r gwesty roedd Dr. Bowen yn byw gyda'i wraig a'i deulu ifanc. Bob wythnos byddai Dr. Bowen yn trin gwargrymedd Lore.

Arhosai Lore yn yr ysgol yn ystod y gwyliau gan nad oedd ganddi unman arall i fynd. Yn ystod gwyliau Nadolig 1940 fe'i gwahoddwyd i Ddawns Nadolig yn nhŷ Dr. Bowen. Fel y crybwyllwyd eisoes, roedd Hugh hefyd yn bresennol yn y parti. Flynyddoedd yn ddiweddarach cofiai Hugh ei gweld am y tro cyntaf. 'Roedd hi'n hardd,' meddai, 'wyneb hirgrwn hyfryd â gwên lydan a'r llygaid hynny oedd bron â bod yn ddu wedi'u fframio mewn gwallt tywyll disglair. Cefais fy nharo'n fud!' Trwy lwc gosodwyd Lore a Hugh yn bâr i gychwyn y dawnsio – gan beri braw i Hugh gan na allai ddawnsio! Ond nid oedd angen i Hugh boeni oherwydd fe daniwyd y sbarc rhwng y ddau ar unwaith. Yn ddiweddarach cofiai Lore fod 'agosrwydd cryf rhyngom o'r cyfarfyddiad cyntaf'. Penderfynodd y ddau drefnu i gyfarfod eto.

Lore Jacobi yn ei harddegau.
(Llun: Simon Confino)

Ym mhen dim, byddai'r ddau yn cyfarfod pob cyfle posib. Pan fyddai gan Lore apwyntiad gyda Dr. Bowen, byddai Hugh yn trefnu i fod yn nhŷ'r meddyg ar yr un pryd. Buan y sylweddolodd prifathrawes Lore beth oedd y trefniant ac fe waharddodd y ddau rhag gweld ei gilydd eto. Dyna fu hyd nes i Nancy ddod i'r ysgol a dweud wrth y brifathrawes ei bod ar fai yn gwahardd y ddau rhag cyfarfod, gan ddatgan y byddai'n well gadael iddynt gyfarfod yn agored neu byddent yn siŵr o gyfarfod yn gyfrinachol!

Dyna pryd y blodeuodd perthynas Hugh a Lore – dyma gariad cyntaf y ddau. Âi Hugh i nôl Lore ar brynhawn Sul a mynd â hi i Nyth Brân am de o dan y coed bedw os oedd y tywydd yn braf, neu fel arall o flaen y tân. Byddent yn cerdded i fyny'r allt i'r rhostir y tu ôl i'r tŷ, gan aros yn aml mewn hoff fan lle byddent yn siarad am oriau. Yn ôl Hugh, yma y ffynnodd y cariad rhyngddo a Lore – y ddau yn ddwy ar bymtheg ac yn ddiniwed. Byddent yn trafod barddoniaeth, rhyddiaith a natur. Byddai Hugh yn darllen barddoniaeth gan Keats a Shelley ac ambell 'bennill herciog' o'i eiddo ei hun. Byddent yn ysgrifennu at ei gilydd byth a hefyd ac yn gweld ei gilydd cyn amled â phosib trwy gydol yr haf hyfryd hwnnw.

Hugh Tetlow yn ei saithdegau cynnar.

Nyth Brân, Gorffennaf 2020.

Yn y man derbyniodd Hugh newyddion gan yr RAF am ei leoliad cyntaf. Ym mis Ebrill 1942, byddai'n cael ei anfon i Ganada i'w hyfforddi'n beilot. Pan glywodd Hugh am ei alwad dramor gofynnodd i Lore ddyweddïo ag o. Yn ddiweddarach, dyma gofiai Hugh: 'Mae'n debyg fy mod yn teimlo'r angen am rywbeth i ddal gafael arno. Roeddwn i'n mynd i hedfan ac ymladd ac efallai marw.

Roedd hi'n fwy aeddfed na fi a hi oedd yn iawn i'm gwrthod. Roeddwn i'n ei charu ond dyfodol ansicr oedd yn fy wynebu i'. Wrth ffarwelio ar blatfform y rheilffordd rhannodd Hugh a Lore eu hunig gusan.

Wedi gorffen yn yr ysgol yn ôl yn Lloegr, symudodd Lore i Lundain lle cafodd swydd yn adran Awstria yn y BBC World Service. Yno y syrthiodd mewn cariad â'i darpar

CYMRU GUDD 69

Ystafell fyw Nyth Brân, Mawrth 2018.

ŵr, Nissim Confino, ffoadur rhyfel o Fwlgaria, a oedd yn gweithio yn adran Dwyrain Ewrop. Priododd y ddau a chael saith o blant. Yn anffodus bu farw eu plentyn cyntaf, Rachel, a hithau ond yn wyth mlwydd oed. Treuliodd Lore a Nissim lawer o flynyddoedd hapus gyda'i gilydd hyd at farwolaeth Nissim yn 1986. Bu farw Lore yn 2007.

Aeth Hugh ymlaen i Ganada a chwblhau ei hyfforddiant peilot. Wedi i'r rhyfel ddod i ben, daeth yn ôl adref i Gymru, lle cyfarfu a phriodi ei wraig gyntaf, Norma. Prynasant dyddyn ym Metws-y-coed i'w ffermio a dysgodd Hugh Gymraeg gan y ffermwyr lleol. Ailymunodd â'r RAF yn 1951 a pharhaodd i wasanaethu hyd 1976. Yn ystod y blynyddoedd hynny bu'n byw yn yr Almaen, y Dwyrain Canol, a ledled Prydain gan wasanaethu mewn nifer o rolau gwahanol, gan gynnwys Rheolwr Traffig Awyr a Pheiriannydd Cyfathrebu Tir. Dysgodd Almaeneg a bu'n gyfieithydd Rwsieg tra oedd yn gweithio ym Merlin. Roedd ganddo sawl diddordeb, gan gynnwys paentio, pysgota, coginio, garddio, chwaraeon maes, adareg ac entomoleg. Yn ddiweddarach, priododd Hugh ei ail wraig Rita, a chysegrodd ei fywyd iddi. Gofalodd Hugh yn ddiflino amdani drwy gydol ei salwch gyda Parkinsons ac Alzheimers, hyd nes nad oedd unrhyw opsiwn ond i'w rhoi mewn cartref gofal. Wedi marw Rita yn 2007, ac i lenwi'r bwlch ar ei hôl,

Nyth Brân yn y tridegau hwyr / pedwardegau cynnar.

aeth ati i ysgrifennu. Cyhoeddodd dair nofel. Roedd *Ear to the Wall*, nofel gyntaf Hugh am y rhyfel oer yn seiliedig ar stori wir a brofodd tra oedd yn gweithio gyda'r RAF ym Merlin. Bu farw Hugh yn 2019 yn 95 oed. Roedd wedi goroesi ei ferch a dau o'i feibion a gadawodd ddau fab a wyrion a wyresau ar ei ôl.

Y Campions

Nid yw'n glir pryd y gadawodd Nancy, modryb Hugh, a'i mam Nyth Brân, ond yn 1947 roedd yno berchennog newydd. Yr oedd Thomas Whawell Campion, neu Whay fel yr adwaenid ef gan bawb, yn gyn-gomando a gafodd ei ryddhau o'r fyddin yn 1946 ar sail rhesymau meddygol. Ar ddiwedd y rhyfel, cafodd Whay waedlif

Whay Campion a John 'Jack' Jones, 9 Commando 5 Troop. Llun o bosib wedi ei dynnu yn Salonica, Groeg, 1944/45.
(Llun: Tim Jones, Commando Veterans Archive)

Whay Campion, 9 Commando.
(Llun: Commando Veterans Archive)

No. 9 Commando 1 section. Mae Whay Campion yn y rhes flaen ar y chwith.
(Llun: Neil Straughan, Commando Veterans Archive)

CYMRU GUDD 71

ar ei ysgyfaint o ganlyniad i'r darfodedigaeth (TB). Nid oedd meddyginiaethau effeithiol wedi'u datblygu ar gyfer y darfodedigaeth bryd hynny, roedd yn salwch heintus a difrifol ac oherwydd difrifoldeb cyflwr Whay, ni ddisgwylid iddo fyw'n hir. Honnwyd ei fod wedi cael y darfodedigaeth mewn ogof yng Ngwlad Groeg pan oedd yn ymladd ochr yn ochr â milwyr Tito. Dioddefodd byliau gwanychol yn rheolaidd a fyddai'n ei adael yn gaeth i'w wely am wythnos neu fwy. Er gwaethaf pob disgwyl, gorchfygodd Whay y salwch yn y pen draw ond cymerodd sawl blwyddyn i'w gyflwr wella'n sylweddol. Pan ddaeth y rhyfel i ben yn Ewrop dychwelodd Whay i gartref y teulu ym Metws-y-coed. Gallai fod wedi aros gartref i gael ei nyrsio gan ei fam a'i ddwy chwaer hŷn, ond un annibynnol oedd Whay. Penderfynodd fod angen ei gartref ei hun arno; lle ynysig a thawel er mwyn gwella o'i salwch, i fyw bywyd syml, heddychlon ac i ddianc rhag erchyllterau'r rhyfel oedd yn parhau yn hunllef iddo.

Roedd caban anghysbell a bregus Nyth Brân wedi'i leoli dros wyth can troedfedd ar ben llwybr mynydd garw uwchlaw Capel Curig. Roedd y lle ar werth a theimlodd Whay y buasai lleoliad y caban a'r tir a oedd ynghlwm wrtho yn ddelfrydol ar gyfer ei anghenion. Roedd erwau gwyllt o goetir a gweunydd o amgylch y tŷ, yn ogystal â golygfeydd godidog dros y dyffryn islaw a thua Moel Siabod. Pan brynodd Whay Nyth Brân roedd mewn cyflwr gwael iawn ac aeth ati i adnewyddu'r tŷ ei hun dros gyfnod o rai misoedd. Aeth ati i rentu tri chan erw o'r mynydd-dir o amgylch ar gyfer ei braidd newydd o gant tri deg o ddefaid. Darnau o foncyffion wedi hollti yn eu hanner a ddefnyddiodd fel cladin ar gyfer yr ystafell fyw – roedd wedi gweithio fel contractwr coed ar gyfer y bwrdd glo yn cyflenwi coed pyllau (*pit props*) ac oddi yno y cafodd ddarnau o bren. Estyll o goed oedd llawr y cyntedd, roedd y rhain ar un adeg ar lawr yng Ngwesty'r Royal Oak ym Metws-y-coed. Dywedwyd fod Whay yn gallu 'troi ei law at unrhyw beth, beth bynnag y dasg. Y fo wnaeth y cwbl yn Nyth Brân – adeiladodd y siediau a thrwsio pob dim. Cwblhaodd gwrs technegydd moduron yn y fyddin o fewn ychydig fisoedd. Roedd o'n gallu tynnu injan o jîp a'i thrwsio. Doedd dim yn ei rwystro. Roedd o'n gallu gwneud unrhyw beth efo sgriwdreifar a morthwyl.'

Gallai Whay fyw yn hunangynhaliol oddi ar y tir heb boen yn y byd. Roedd yn gymeriad eofn, gwydn, penderfynol, dyfeisgar ac roedd cryn dipyn o swyn, hiwmor a charisma yn perthyn iddo. Wedi ei eni ar y 27ain o Fehefin, 1918, ni allai gerdded tan ei fod yn saith mlwydd oed yn dilyn damwain oedd wedi malurio ei goesau. Yn ystod gwyliau'r ysgol, ac yntau'n ddim ond pedair ar ddeg oed, gweithiodd ar long bysgota môr dwfn ym Môr y Gogledd. Er gwaethaf yr heriau corfforol a'i hwynebai, roedd ganddo gariad angerddol at yr awyr agored. Yn ogystal â bod yn ddringwr gwych, roedd yn sgïwr profiadol ac yn dywysydd mynydd uchel ei barch yn Eryri ac yn y Tyrol yn Awstria. Roedd yn aelod gweithgar o Dîm Achub Mynydd yn Eryri hefyd. Cyn yr Ail Ryfel Byd, aeth Whay ar daith fynydda ac ymchwil i bellafoedd gogledd Norwy, gan goncro copa oedd heb ei ddringo o'r blaen ar y ffin rhwng Sweden a'r Ffindir wrth gasglu data am blanhigion ac anifeiliaid. Hwyliodd ar ddwy daith fel ymchwilydd gwyddonol hefyd, gan gasglu data daearyddol a data am sbesimenau planhigion o Dde America a Newfoundland ar gyfer yr Amgueddfa Brydeinig. Aeth hefyd ar daith i'r Arctig a ariannwyd gan un o amgueddfeydd mawr Llundain. Wedi hynny, hwyliodd am ddwy flynedd mewn cwch hwylio bychan ar daith bleser o amgylch y byd.

Oherwydd ei ysbryd anturus ymunodd â'r fyddin yn

Dorothy, Jane a Robert ar y teras, 1955.
(Hawlfraint: Jack Smith)

Dorothy yn bwydo ŵyn llywaeth wrth y lle tân, tua 1955/56. (Hawlfraint: Jack Smith)

Whay yn troi'r tir ar y 'Red Devil', Nyth Brân, 1950au. (Hawlfraint: Jack Smith)

Dorothy o flaen ffatri ei thad, Manceinion.
(Llun teulu)

Whay yn tynnu cerrig yn Nyth Brân gyda'r Wyddfa yn gefndir, 1955.
(Hawlfraint: Jack Smith)

Bryn Brethynnau. (Hawlfraint: Jack Smith)

Whay a Dorothy yn casglu'r defaid am y gaeaf o lethrau Moel Siabod yn y pumdegau.

Whay a Dorothy yn llifio coed o flaen y tŷ, gyda Jane a Robert, 1955. Gwelir Moel Siabod yn y cefndir. (Hawlfraint: Jack Smith)

CYMRU GUDD   73

1939. Bu'n rhan o'r British Expeditionary Force yn 1940 ac yn ddiweddarach symudwyd ef i Dunkirk gyda'i uned, The Sherwood Foresters. Anaml y siaradai Whay am y rhyfel gyda'i deulu, ond dywedodd un tro fod Dunkirk wedi bod yn 'erchyll'. Fe'i clwyfwyd mewn brwydrau a dioddefodd lawer o greithiau corfforol ac emosiynol. Dihangodd Whay rhag marwolaeth droeon ar faes y gad, fel y tro hwnnw y bu iddo ostwng ei ben i gynnau sigarét wrth i fwled chwibanu heibio. Ar ôl Dunkirk, ymunodd Whay â'r No.2 Special Services Brigade, a fyddai'n datblygu i'r No.9 Commando maes o law. Wedi hynny gwasanaethodd gyda'r No.11 Commando. Roedd Whay yn aelod pan ffurfiwyd y Commandos ar orchymyn y Prif Weinidog Winston Churchill yn 1940 i ateb y galw am lu elitaidd a allai gynnal cyrchoedd yn y rhannau o Ewrop oedd wedi eu meddiannu gan yr Almaenwyr. Dewiswyd y milwyr gorau ar gyfri eu deallusrwydd, eu gallu a'u rhinweddau dibynadwy. Roedd yr hyfforddiant yn galed a chwyldroadol ar y pryd ac mae elfennau o'r hyfforddiant yn parhau hyd heddiw.

Treuliodd Whay y rhan fwyaf o'r chwe blynedd nesaf yn gwasanaethu mewn gwahanol wledydd yn Ewrop yn ystod yr Ail Ryfel Byd a dyfarnwyd medal filwrol iddo am ei wasanaeth. Ymladdodd mewn sawl man gan gynnwys Sisili, Creta, Ffrainc, yr Eidal a Groeg. Anfonwyd ef i'r Dwyrain Canol ddwywaith. Ymladdodd mewn nifer o frwydrau adnabyddus, gan gynnwys y cyrch beiddgar ar St. Nazaire yn Ffrainc yn 1942 a Brwydr Anzio yn yr Eidal yn 1944.

Wedi dychwelyd o'r rhyfel, yn anochel roedd ei agwedd at fywyd wedi newid. Yn Nyth Brân câi gysur mawr a modd i wella o'r ddarfodedigaeth a sgileffeithiau'r rhyfel. Ei ddau gi, Hemp a Trigger, oedd ei unig gwmni yn Nyth Brân. Er dyheu am lonyddwch, ar adegau teimlai'n

Whay, Dorothy a Smokey, Nyth Brân, tua 1955/56. (Hawlfraint: Jack Smith)

unig iawn. Yn 1952, fodd bynnag, daeth tro ar fyd pan gyfarfu â Dorothy Johns. Cafodd Dorothy ei magu mewn teulu cyfoethog a oedd yn rhan o haen uchaf cymdeithas Manceinion a chafodd flas ar y pethau gorau mewn bywyd. Ei hunig adnabyddiaeth o Eryri oedd y cof am rasio drwy'r ardal yn Bentley ei thad mewn treialon ceir modur. Roedd hi'n mwynhau cymdeithasu, theatrau, dillad drud a chiniawa mewn bwytai crand. Yn ystod ei hoes, bu'n modelu, neidio ceffylau, ac am gyfnod byr yn yrrwr car rasio a bu ar ei hapusaf wrth hyfforddi i fod yn nyrs gynorthwyol. Roedd gan Dorothy ferch, Jane, o briodas gynharach 'drychinebus'. Tair oed oedd Jane pan gyfarfu ei mam â Whay. Roedd tad Dorothy wedi bod yn ddyn busnes llwyddiannus am flynyddoedd lawer tan i'w gwmni fynd i'r wal. Yn dilyn hynny, symudodd y teulu i Landrillo-yn-Rhos i ddechrau bywyd newydd, ond yn anffodus bu farw tad Dorothy o ganser yn fuan wedyn. Er bod Dorothy a Whay yn ymddangos fel cwpl annhebygol, syrthiodd y ddau mewn cariad. Nid oedd gan Whay lawer o brofiad o fod yng nghwmni plant ond ar ôl dechrau petrus, roedd Whay a Jane yn dotio ar ei gilydd. Ar ôl i Dorothy a Jane aros yn Nyth Brân ychydig o weithiau, penderfynodd Whay na allai fyw yno hebddynt mwyach. Wedi carwriaeth fer o rai wythnosau, priododd Whay a Dorothy ym Metws-y-coed ar noswyl Nadolig 1952. Roedd mam Dorothy yn amau a allai ei merch addasu i fywyd gwledig.

Ymgartrefodd Dorothy a Jane yn Nyth Brân. Ar y dechrau, roedd cefnu ar fywyd bras dinesig yn gryn sioc ddiwylliannol i Dorothy. Wrth gwrs, roedd cyfleusterau'r fferm yn sylfaenol iawn – doedd dim trydan a rhaid oedd nôl dŵr o'r ffynnon. Ymhen amser, cysylltodd Whay y tapiau â'r cyflenwad dŵr ond yn y gwanwyn byddai'r bath yn aml yn llawn grifft llyffantod.

Ffynnodd Jane yn Nyth Brân. Doedd dim posib gwahanu Whay a hithau, yng ngeiriau Jane roedd hi 'fel ei gysgod'. Byddai'n edrych ymlaen at godi'n gynnar i helpu Whay gyda'r defaid, bwydo'r ieir, ffensio a pha bynnag ddyletswyddau eraill oedd yn rhaid eu gwneud ar y fferm. Dim ond taith gerdded fer oedd hi i gyrraedd yr ysgol gynradd, lle oedd yn llawn atgofion hapus i Jane.

Milwyr y Rhyfel Byd Cyntaf a'r Ail yn cyfarfod â Dug Caeredin yng Nghapel Curig, Mehefin 1956. Mae Whay Campion yn y rhes flaen, yr ail o'r dde.
(Llun: Owen Wyn Owen, Cyfeillion Eglwys Santes Julitta)

Fodd bynnag, nid oedd Dorothy mor awyddus i'w merch ddysgu Cymraeg, ac yn ddiweddarach anfonodd hi i ysgol breswyl cyfrwng Saesneg yn Llanrwst.

Yn ystod eira a stormydd y gaeaf, byddai Whay yn sgio hyd lethrau'r mynydd ar ei rowndiau dyddiol i wylio'i braidd gan gloddio ambell ddafad o luwchfeydd trwm. Byddai'n tynnu Jane gydag o mewn sled yr oedd wedi'i gwneud iddi o rai o'i hen sgïau. Deuai Dorothy hefyd, a'r cŵn, Carlo, Hemp, Trigger a Bobby er mwyn arogli unrhyw ddefaid oedd wedi'u claddu gan eira. Doedd gaeafau caled ddim yn ddiarth i Whay. Roedd yn rhewi'n galed pan symudodd i Nyth Brân ac oedd y fferm wedi ei llyncu gan gymaint o eira nes y bu'n rhaid i Whay fynd drwy ffenest to'r gegin a sgio i Fetws-y-coed i gael bwyd gan ddefnyddio'i hen sgïau traws-gwlad Norwyaidd.

Yn y gwanwyn, croesawai Nyth Brân yr ŵyn newydd-anedig. Byddai'r gegin yn atsain i frefiadau'r ŵyn amddifad, tra byddai Dorothy a Jane yn eu bwydo a'u cadw'n gynnes ger yr Aga. Un flwyddyn buont yn gofalu am dripledi amddifad a enwyd yn Buttons, Bows a Loppy. Cafodd Buttons a Bows eu henwi ar ôl y gân oedd ar y radio pan ddaeth Whay â'r ŵyn i'r tŷ. Bedyddiwyd y trydydd oen gyda'r enw Loppy oherwydd nad oedd ei glustiau'n gallu codi yn syth. Nid ffarmwr traddodiadol, wrth reddf, oedd Whay ond gwnâi yr hyn oedd yn angenrheidiol er mwyn goroesi a darparu ar gyfer ei deulu. Ychydig o elw a geid wrth ffermio tri chan erw Nyth Brân, ac er i Whay gymryd gwaith ychwanegol gyda'r Comisiwn Coedwigaeth ac fel tywysydd mynydd lleol, roedd arian bob amser yn brin.

Weithiau roedd gofyn i Whay gyflawni tasgau oedd yn wrthun ganddo, fel difa ŵyn a anwyd wedi'u hanffurfio. Un diwrnod gwelodd Jane fod Whay yn mynd i saethu pâr o ŵyn oedd wedi eu geni â choesau anffurfiedig. Dangosodd Dorothy goesau cam yr ŵyn i Jane gan egluro y byddai'n greulon gadael iddynt fyw mewn poen ac yn methu cerdded yn iawn. Gofynnodd Jane 'Os bydd Dadi yn eu saethu nhw, ydyn nhw'n mynd i'r nefoedd at Taid?'

Wythnos yn ddiweddarach rhuodd Land Rover i fyny trac Nyth Brân. Er mawr lawenydd a syndod i Whay, ei hen ffrind o'r fyddin oedd yno. Sylwodd Jane fod gan y cyn-filwr goes bren ac meddai 'Dadi, sbïwch ar ei goes. Oes rhaid i ni ei saethu o hefyd?'

Byddai mam Dorothy yn ymweld â Nyth Brân o'i chartref yn Llandudno o dro i dro. Am gyfnod bu'n byw ym Mryn Brethynnau, bwthyn ychydig islaw Nyth Brân. Fel y ffermydd cyfagos Waen Hir a Thyn y Coed, ffêrm can erw oedd Bryn Brethynnau yn wreiddiol, sef y tri chan erw yr oedd Whay yn eu rhentu.

Symudodd brawd Dorothy, Peter, i Nyth Brân am gyfnod pan oedd tua thair ar ddeg oed. Roedd wrth ei fodd yn helpu ar y ffêrm ac roedd yn cofio'r dyddiau hynny'n annwyl. Aeth Peter i'r ysgol yng Nghapel Curig ac ar ôl gorffen yng ngholeg amaethyddol Glynllifon, bu'n gweithio gyda Whay yn contractio i'r Comisiwn Coedwigaeth am tua deng mlynedd. Roedd Peter yn fawr ei edmygedd o Whay, ac meddai 'Roedd Whay fel tad i mi, roedd llawer o bobl yn meddwl mai tad a mab oedden ni'.

Roedd Whay a Dorothy wedi trafod cael plant. Roedd y ddau eisiau i Jane gael brawd neu chwaer. Eu gobaith oedd cael mab er mwyn iddo barhau i ffermio yn Nyth Brân gan ddatblygu ar y seiliau a oedd wedi'u gosod gan Whay a Dorothy. Un prynhawn poeth o haf, roedd y ddau yn torri derwen ger y tŷ oedd wedi'i thorri yn ei hanner gan y gwynt gyda llif ddwy law. Roeddent yn sgwrsio'n hapus pan glywyd clec a sigodd y goeden, 'Neidia!' gwaeddodd Whay, ond roedd hi'n rhy hwyr. Taflwyd Dorothy i'r llawr yn anymwybodol gyda'r dderwen yn gorwedd ar draws ei chefn. Roedd yn anymwybodol tan iddi gyrraedd Ysbyty Bangor. Yno bu rhaid i Dorothy gael llawdriniaeth ar ei bol, gan gynnwys tynnu un o'i hofarïau ac un o'i thiwbiau fallopio. Yn ôl y meddygon roedd yn annhebygol iawn y gallai Dorothy gael plentyn arall. Roedd yn ergyd drom i'r cwpl. Torrodd Whay ei galon ac roedd yn beio ei hun am anafiadau Dorothy. Gwrthodai Dorothy dderbyn y prognosis meddygol a mynnodd fynd am brofion pellach dros y misoedd dilynol, gan obeithio rhywsut y byddai'n gwella digon i allu beichiogi. Roedd y cwbl yn gwmwl tywyll uwchben y ddau a chafodd Dorothy iselder. Er ceisio cefnogi Dorothy, roedd Whay yn galaru hefyd. Awgrymodd wrth Dorothy y dylai roi'r

Dorothy, Smokey a Loppy, un o ŵyn llywaeth y fferm. (Hawlfraint: Jack Smith)

Gwers gneifio gyntaf Jane, Nyth Brân 1955. (Hawlfraint: Jack Smith)

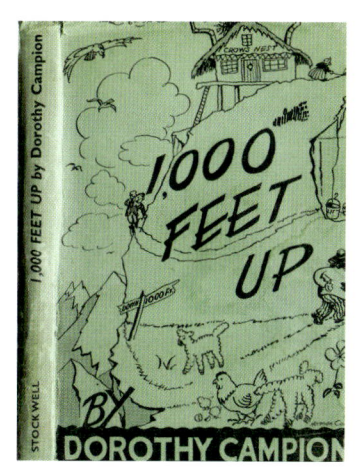

Clawr llyfr cyntaf Dorothy, *1000 Feet Up*.

Whay yn gwisgo ei dei Commando yn gafael ar wn Browning 303 o ddrylliad Bomiwr Lancaster. (Hawlfraint: John Lawson Reay)

Clawr *The Perfect Team*.

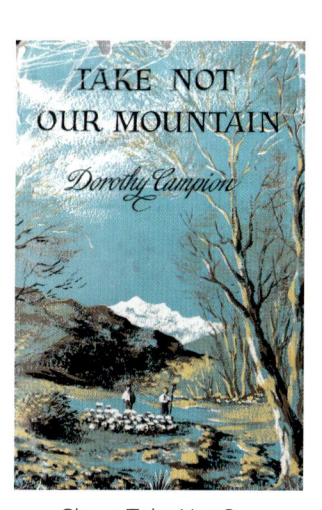

Clawr *Take Not Our Mountain*.

gorau i'r profion meddygol a derbyn y sefyllfa, gan mai'r cwbl a wnâi'r profion mewn difri oedd cynyddu ei phoen a'i gofid.

Roedd straen y sefyllfa yn pwyso'n drwm ar y ddau. Ymhen amser, awgrymodd Dorothy y gallent fabwysiadu bachgen i'w fagu fel eu mab eu hunain. Cytunodd Whay ar unwaith. Gwyddai Dorothy am gartref plant amddifad oedd ynghlwm ag asiantaeth fabwysiadu ym Manceinion, ac felly yn ddiweddarach yn y noson aed ati i ysgrifennu cais.

Yn fwyaf sydyn roedd y teithiau boreol i lawr trac Nyth Brân i gasglu'r post yn llawn disgwylgarwch wrth aros am ymateb gan yr asiantaeth fabwysiadu. Bythefnos yn ddiweddarach rhedodd Whay i'r tŷ yn chwifio llythyr gan wenu o glust i glust. Cyn belled â bod yr holl adroddiadau angenrheidiol a'r geirda yn foddhaol, câi plentyn ddod atynt i'w fabwysiadu cyn gynted â phosibl. Dawnsiodd y ddau o amgylch y gegin, wedi gwirioni'n lân. Aeth Dorothy ati i gasglu dillad babi glas. Trawsnewidiodd y ddau un o'r ystafelloedd gwely yn ystafell babi wedi ei phaentio'n las golau, yn barod ar gyfer ffarmwr arfaethedig Nyth Brân.

Yn ôl yr asiantaeth fabwysiadu byddai bachgen bach yn aros amdanynt ym Manceinion ar Fai 21ain. Roeddent yn byw bywyd eithaf ynysig yn Nyth Brân ac ers anfon y cais at yr asiantaeth fabwysiadu, roedd Dorothy wedi cadw iddi'i hun ac wedi aros gartref gymaint ag y gallai. Penderfynodd mai dim ond y teulu agos, eu meddyg a'u cyfreithiwr ddylai wybod bod y babi wedi'i fabwysiadu. Ysgrifennodd Dorothy 'Os daw amser pan fydd y plentyn angen gwybod ei fod wedi fabwysiadu, yna ni yn unig ddylai ddweud wrtho.' Felly wrth baratoi at ddyfodiad eu mab, roedd Dorothy wedi cogio ei bod yn feichiog. Ond yn ddiarwybod i Dorothy, ni lwyddodd i argyhoeddi'r bobl leol. Cofiai un o drigolion Capel Curig ei gweld yn y pentref gyda gobennydd o dan ei ffrog.

O'r diwedd daeth yr amser i Whay a Dorothy gyfarfod eu mab newydd. Bu'r siwrnai bedair awr i Fanceinion yn llawn cyffro a gobaith. Roedd y babi'n brydferth. Roedd ganddo lygaid llachar glas a mop o wallt euraid a'r enw a roed arno oedd Robert Whaywell Campion. Roedd Whay a Dorothy ar ben eu digon ac yn eiddgar i fynd ag o adref. Am y tro cyntaf ers misoedd roedd eu bywydau yn teimlo'n gyflawn.

Yn fuan ar ôl i Robert gyrraedd y fferm, cysylltodd y bwrdd trydan Nyth Brân â'r grid o'r diwedd, er bod gweddill Capel Curig wedi'i gysylltu beth amser cyn hynny. Mawr fu'r cyffro wrth i Robert gael ei fwydo a'i olchi gyda golau trydan! Fel yn hanes Jane, byddai Robert allan ar y fferm wrth i'r teulu gyflawni eu dyletswyddau beunyddiol. Byddent yn ei gertio i bob man yn ei grud glas a'i osod mewn mannau cysgodol wrth iddynt fwrw ymlaen â'u gwaith. Gwirionodd Jane ar ei brawd bach newydd, ac roedd bob amser wrth law i'w ddifyrru a'i gysuro. Ni allai Whay fod yn hapusach. Roedd yn dad llawn gofal i Robert, yn ei nyrsio a'i fwydo'n dyner, yn mynd ag o yn y pram, gan siarad yn fyrlymus ag o drwy'r amser. Ers dyfodiad Robert, roedd Dorothy a Whay yn teimlo'n agosach ac yn hapusach nag yr oeddent wedi'i wneud ers amser maith.

Un bore cafodd Dorothy alwad ffôn annisgwyl a sinistr gan ddynes ddienw. Byddai'r alwad yn troi eu bywydau wyneb i waered. Yn ôl Dorothy, gofynnodd y ddynes yn gyntaf sut roedd ysgyfaint Whay ar hyn o bryd. Gan gymryd bod y ddynes yn ffrind i Whay, atebodd Dorothy ei bod yn iawn ac nad oedd Whay erioed wedi teimlo cystal. Gofynnodd y ddynes pryd yr oedd Whay wedi cael archwiliad pelydr-x ddiwethaf, ac atebodd Dorothy i hynny ddigwydd chwe mis ynghynt a bod popeth yn foddhaol. Gan synhwyro tôn annymunol yn llais y ddynes, gofynnodd Dorothy pwy oedd hi, ond ni chafodd ateb. Awgrymodd y ddynes wedyn nad oedd Robert wedi cael ei eni i Dorothy a Whay, gan ddweud nad oedd gan Somerset House unrhyw gofnod o fabi yn cael ei eni i'r ddau yno. Yna hysbysodd y ddynes y byddai'n ysgrifennu at y Ganolfan Iechyd i rannu gwybodaeth am wir gyflwr iechyd Whay, ac nad oedd Whay ym marn y ddynes yn ffit i fod yn gyfrifol am blentyn mabwysiedig. Yna daeth yr alwad i ben. Yn ôl Dorothy, fe ffoniodd y gyfnewidfa ffôn ar unwaith i ddod o hyd i bwy oedd wedi galw, ond ni allai'r gweithiwr ond cadarnhau mai galwad leol ydoedd.

Nid oedd Whay erioed wedi celu'r ffaith ei fod wedi

Olga a ffrind iddi ar y teras, 1970au.
(Hawlfraint: John Lawson Reay)

Cegin Nyth Brân.
(Hawlfraint: John Lawson Reay)

Olga a'r ci, Nyth Brân, 1970au.
(Hawlfraint: John Lawson Reay)

cael y darfodedigaeth flynyddoedd ynghynt, na pha mor ddifrifol wael y bu o ganlyniad. Ond ni nodwyd hynny ar y ffurflen fabwysiadu gan fod iechyd Whay wedi ei adfer ers hynny. Cysylltodd y Campions â'u cyfreithiwr a'u cynghorodd i wneud dim ac aros, rhag ofn mai bygythiad gwag oedd yr alwad. Aeth dau ddiwrnod a dwy noson heibio a'u bywydau fel petaent mewn limbo. Dim ond ychydig ddyddiau oedd nes byddai papurau mabwysiadu Robert wedi'u harwyddo a'u cwblhau a byddai cyfnod prawf y Campions gyda Robert wedi dod i ben. Y diwrnod wedyn, ffoniodd y Swyddog Iechyd. Roedd y Ganolfan Les wedi derbyn llythyr dienw yn nodi holl fanylion iechyd Whay – iddo gael gwaedlif yn 1946, bod ceudod mewn un ysgyfaint, ei bod wedi cymryd chwe blynedd iddo adfer ei iechyd ar ôl y rhyfel a'i fod yn dal i fynd i ysbyty Llandudno i gael archwiliad ddwywaith y flwyddyn ac nad oedd ym marn yr awdur yn gymwys i fod yn dad i blentyn mabwysiedig. Er gwaethaf

Olga wrth y ffenest, 1970au.
(Hawlfraint: John Lawson Reay)

cyflwr iechyd perffaith Whay ar y pryd, roedd y swyddog iechyd yn anniddig. Os oedd y ffeithiau yn y llythyr dienw yn gywir, dywedodd y swyddog fod yn rhaid ailystyried achos y Campions. Erfyniodd Whay a Dorothy gan egluro cymaint y golygai Robert iddynt. Aethant ati i ysgrifennu at y cartref plant, at feddygon Whay, tri chyfreithiwr a bargyfreithiwr ac at eu Haelod Seneddol lleol. Er gwaethaf eu hymdrechion, ffoniodd y Swyddog Iechyd i roi'r gair olaf ar ran y gymdeithas fabwysiadu: roedd rhaid dychwelyd Robert i'r cartref plant amddifad.

Roedd hi'n 1955 ac roedd Robert wedi bod yn Nyth Brân rhwng tri a phedwar mis. Nid oedd Whay a Dorothy erioed wedi ei ystyried yn fabwysiedig ond fel plentyn iddyn nhw, yn 'rhodd gan Dduw'. Pan yrrodd y ddau i Fanceinion i roi Robert yn ôl, roedd y ddau wedi torri'n llwyr. Yn yr wythnosau dilynol, nid oeddent yn gallu bwyta, cysgu na meddwl yn glir. Roeddent yn

Nyth Brân o'r boncyn tu ôl i'r tŷ, 1970au.
(Hawlfraint: John Lawson Reay)

Mwynhau'r haul ar y teras, 1970au.
(Hawlfraint: John Lawson Reay)

Olga yn Nyth Brân, 1970au.
(Hawlfraint: John Lawson Reay)

Torheulo ar y teras, Olga yn y canol, 1970au. (Hawlfraint: John Lawson Reay)

Whay ar y teras, Nyth Brân, canol yr 1970au. (Hawlfraint: John Lawson Reay)

Whay yn ei gadair, Nyth Brân 1970au. (Hawlfraint: John Lawson Reay)

Whay ac Olga yn dathlu yn y gegin, Nyth Brân, 1970au.
(Hawlfraint: John Lawson Reay)

Jane yn ffarwelio â Nyth Brân, Medi 2021.

dychmygu Robert ym mhob rhan o'r cartref. Esgeuluswyd y fferm tra roeddent yn galaru. Roedd y boen a'r golled yn annioddefol. Disgrifiodd Dorothy'r teimlad fel bod 'yr unig bobl ar long wag, yn mynd ar ddisberod heb gwmpawd na hyd yn oed seren i'w harwain'.

Daeth gwanwyn i'r fferm, a chyda hynny, y sylweddoliad y byddai'r teulu naill ai'n suddo neu'n nofio. Roedd hi'n amser wyna ac roedd llawer o waith i'w wneud os oedden nhw am oroesi. Torrodd Whay a Dorothy y newyddion i'r pentrefwyr am yr hyn oedd wedi digwydd i Robert a cheisio'u gorau glas i fwrw ymlaen â'u bywydau. Llwyddasant yn y diwedd i adennill rhyfaint o'u hegni i fwrw ymlaen â'u dyletswyddau beunyddiol.

Fel y crybwyllwyd eisoes, nid oedd gan y teulu fawr o arian ac ar ôl esgeuluso'r fferm am gyhyd ar ôl colli Robert, cynyddodd y pwysau ariannol. Ar ôl dod i fyw i Nyth Brân, roedd Dorothy wedi dechrau ysgrifennu i lenwi'r oriau oedd ganddi ar ei phen ei hun tra roedd Whay yn gweithio. Casgliad o straeon ffuglennol oedd *1000 Feet Up*, wedi'u seilio'n fras ar elfennau o fywyd Dorothy. Yn ffodus i'r Campions, cyhoeddwyd llyfr cyntaf Dorothy y flwyddyn honno. Ni chafodd y llyfr lwyddiant mawr ond fe werthodd yn weddol dda gan ddod ag arian yr oedd mawr ei angen i Dorothy.

Roedd chwaer Dorothy, June Johns, hefyd yn awdur ac yn gweithio fel newyddiadurwr i'r *Daily Mirror*. Yn sgil cysylltiadau June â'r cyfryngau, ym mis Mai 1956 cyhoeddodd cylchgrawn *Woman* erthygl hunangofiannol gan Dorothy am ei bywyd yn Nyth Brân. Gwnaed cyfres o'r erthyglau a redodd am sawl wythnos yn y cylchgrawn. Yn ei sgil, cafodd Dorothy gryn sylw ac arian a fu'n greiddiol i ryddhau ei hail lyfr, *Take Not Our Mountain* yn 1957. Roedd y llyfr yn adrodd hanes bywyd y Campions ar eu fferm fynydd anghysbell Gymreig. Cipiodd y stori galonnau darllenwyr ar draws y wlad a

Olga ac un o'r mulod yng ngardd Nyth Brân, 1970au. (Hawlfraint: John Lawson Reay)

Lolfa Nyth Brân gyda llyfrau Whay ar y silffoedd.

thu hwnt. Hedfanodd y llyfr oddi ar y silffoedd ac roedd yn llwyddiant ysgubol. Dechreuodd Nyth Brân ddenu ymwelwyr – roedd cannoedd o ddarllenwyr *Take Not Our Mountain* eisiau cwrdd â Dorothy a'i theulu yn y cnawd er i geir sawl un ohonynt fynd yn sownd ar y trac garw, serth! Er bod *Take Not Our Mountain* yn llyfr ffeithiol, mae agweddau o'r llyfr wedi'u rhamanteiddio a'u lliwio. Mae'n bosib bod rhai digwyddiadau yno at ddibenion adrodd straeon ac er mwyn difyrru. Y prif wahaniaeth rhwng y llyfr a'r digwyddiadau go iawn yw sut y portreadodd Dorothy ei hun yn y llyfr. Yn y llyfr roedd Dorothy yn gweithio ochr yn ochr â Whay ar y fferm ac wedi ymgolli ym mhob agwedd o'i ddyletswyddau bob dydd ond yn ôl pob sôn, ychydig iawn a wnâi Dorothy ar y fferm ac nid oedd yn hoffi maeddu ei dwylo. Nid oedd perthynas Dorothy â Jane mor hapus gytûn ag a bortreadwyd yn y llyfr ychwaith. Yn ôl Jane, ni ddangosodd ei mam fawr o gariad nac anwyldeb tuag ati a Whay fu'n cefnogi a gofalu amdani gan amlaf. Yn sgil llwyddiant y gyfrol, gofynnwyd i Dorothy sgwrsio gyda gwahanol grwpiau lleol a chenedlaethol, i wneud cyfweliadau i gylchgronau ac i'r radio ac i fynd ar deithiau i hyrwyddo'r llyfr. Weithiau byddai'n treulio wythnosau oddi cartref yn ystod y teithiau hyn. Yn ystod y teithiau llyfrau a'r ymrwymiadau cymdeithasol gwahanol, dechreuodd gymysgu ag awduron a phobl adnabyddus.

Dechreuodd ailgynnau'r bywyd yr oedd wedi arfer ag o ar un adeg, y bywyd a adawodd ar ôl pan briododd Whay.

Erbyn hyn, a Jane yn tua thair ar ddeg oed, prin y treuliai unrhyw amser gartref. Yn ystod yr wythnos preswyliai yn Ysgol St. Gerards ym Mangor – roedd Dorothy wedi ei hanfon yno yn groes i ddymuniad Whay. Ar benwythnosau, byddai Jane yn aros yn nhŷ ei nain yn Llandudno fel yr oedd ei mam wedi mynnu. Efallai mai'r rheswm am hyn oedd bod cryn straen ym mherthynas Dorothy a Whay erbyn hynny. Yn 1959 cyhoeddodd Dorothy ei thrydydd llyfr, a'r olaf, *The Perfect Team*. Roedd y llyfr yn dilyn hyfforddwyr cŵn heddlu a'u cŵn Alsatian. Wrth ymchwilio a chasglu deunydd, bu i Dorothy gyfweld â channoedd o hyfforddwyr cŵn yr heddlu a'r lluoedd arfog ledled y DU. Teithiodd filoedd o filltiroedd dros ddeng mis, yng nghwmni ei Alsatian, Smokey – y ci a ddefnyddiai Dorothy i fagu cŵn eraill. Roedd gan heddluoedd Lerpwl, Manceinion a Phenbedw gŵn wedi'u hyfforddi gan Dorothy. Comisiynwyd hi gan ei chyhoeddwr i ysgrifennu pedwerydd llyfr am geffylau'r heddlu dan y teitl *Law in the Saddle*, ond ni chyhoeddwyd y llyfr.

Treuliai Dorothy fisoedd yn hyrwyddo *The Perfect Team* ledled y DU. Bu'n byw mewn gwahanol ddinasoedd yn ystod y cyfnod hwnnw gan gymdeithasu mewn cylchoedd llenyddol o bwys. Cadarnhawyd amheuon Jane nad oedd pethau'n dda rhwng ei rhieni pan ddaeth cyfreithiwr i'w hysgol i ofyn i Jane siarad am ei mam mewn llys ysgariad. Yn y gwrandawiad dywedodd Jane wrth y llys nad oedd hi eisiau bod gyda'i mam oherwydd nad oedd hi erioed wedi cael cariad na serch ganddi. Mynnodd mai Whay oedd wedi gofalu amdani erioed a'i fod yn gefn iddi o hyd. Bychanodd Jane ei mam yn gyhoeddus ac erfyniodd ar y llys i gael aros gyda'i thad. Dyna pryd y gwaeddodd Dorothy, 'Nid y fo ydi dy dad di p'run bynnag!' Dyna sut y darganfu Jane nad Whay oedd ei thad biolegol. Roedd Jane ar ei gliniau'n beichio crio ac yn cydio yn Whay tra'i fod yntau yn crio hefyd. Bryd hynny, yn amlach na pheidio, byddai'r llysoedd yn rhoi gwarchodaeth i'r fam ac nid oedd yr achos hwn yn eithriad, er gwaethaf ymbil taer Jane.

Ar ôl yr ysgariad, gosododd Dorothy waharddiad ar Jane rhag cysylltu â Whay eto. Ond roedd Jane yn eiddgar i wneud hynny a gofynnodd am gyngor ei nain. Cynghorodd ei nain hi i beidio cysylltu, gan wybod sut dymer oedd gan Dorothy. Ni siaradodd Jane â Whay fyth wedyn, ond hyd heddiw, mae o'n aml yn ei meddyliau.

Symudodd Dorothy i fyw gyda'i mam yn Llandudno, cyn iddi symud i Sussex yn y pen draw. Ar ôl gorffen ei Lefel O yn St. Gerards, dilynodd Jane ei mam i dde Lloegr lle cafodd ei chofrestru mewn ysgol breswyl yn Guildford. Roedd hynny o gwmpas yr amser pan gyfarfu â phartner newydd ei mam, Dennis Luckham. Roedd Dennis yn ddyn busnes cyfoethog a oedd yn berchen ar gwmni mawr oedd yn gwneud offer ysbyty yn Burgess Hill. Pan ddaeth Jane adref o'r ysgol un penwythnos, cyhoeddodd Dorothy ei bod wedi priodi Dennis. Fe'u priodwyd ar 21 Rhagfyr, 1964. Cafodd y briodas ei chyfran deg o broblemau cyn dod i ben mewn ysgariad yn 1970. Wedi iddynt ysgaru, prynodd Dennis fwthyn to gwellt tlws i Dorothy yn Huntingdon, lle bu'n byw hyd ddiwedd ei dyddiau. Bywyd unig oedd gan Dorothy yno hyd nes iddi gyfarfod cyplau ysbrydol a'i hysgogodd i ddilyn Duw. Er na ysgrifennodd ragor o lyfrau, bu'n cadw ei hun yn brysur drwy ysgrifennu barddoniaeth. Bu farw Dorothy ar ei phen ei hun yn 55 oed ar yr wythfed o Ionawr, 1980.

Ar ôl i Jane orffen ei haddysg yn Guildford, aeth

ymlaen i wneud hyfforddiant nyrsio a gweithio fel nyrs am flynyddoedd lawer. Setlodd yn Hastings lle cyfarfu â'i gŵr cyntaf a chafodd y ddau chwech o blant. Ailbriododd Jane yn 1984 ond yn anffodus bu farw ei gŵr o drawiad ar y galon ddeunaw mis yn ddiweddarach. Priododd eto yn 1987. Roedd Jane a'i thrydydd gŵr wedi bod gyda'i gilydd am ugain mlynedd cyn iddo farw yn 2007. Mae Jane yn byw gyda'i mab yng Nghaint ar hyn o bryd.

Collodd brawd Dorothy, Peter, gysylltiad â Whay ar ôl yr ysgariad. Symudodd Peter i Lanrwst, lle y cyfarfu â'i ail wraig. Ymfudodd y ddau i Ganada yn 1981 ac maent wedi byw yno ers hynny. Bu Peter yn ffermio ransh am gyfnod, yna gwnaeth waith ffatri am bum mlynedd ar hugain cyn ymddeol yn 2001. Mae gan Peter a'i wraig fab, merch ac wyrion, sy'n byw gerllaw iddynt.

Cafodd Whay a Dorothy ysgariad chwerw iawn. Parhaodd Whay i fyw yn Nyth Brân ond roedd wedi rhoi'r gorau i ffermio erbyn hynny. Bu'n gweithio i'r Comisiwn Coedwigaeth a gwnaeth amryw o swyddi ychwanegol i gadw dau ben llinyn ynghyd – contractio, cynnal a chadw cyffredinol a mân swyddi adeiladu. Byddai'n gyrru bws mini i westy'r Swallow Falls hefyd. Rhywbryd tua dechrau i ganol y chwedegau, cyfarfu Whay ag Olga Gross (Parry gynt). Priododd y ddau yn 1971. Roedd Olga wedi ysgaru ddwywaith ac roedd ganddi ddau fab, Andy a Michael. Andy oedd yr ieuengaf ac roedd tua deuddeg oed pan symudodd i Nyth Brân. Roedd Michael un mlynedd ar ddeg yn hŷn. Roedd Whay ac Andy yn arbennig o agos – roedd Whay yn trin Andy fel ei fab ei hun ac ystyriai Andy Whay fel tad iddo. Gwnâi Olga a Whay bopeth gyda'i gilydd, roedden nhw'n gweddu'n dda iawn a'u cariad yn fawr at ei gilydd. Roedd Andy wrth ei fodd yn Nyth Brân a theimlai ei fod yn lle 'delfrydol' i gael ei fagu: 'Roeddach chi'n gallu crwydro am filltiroedd a gwneud fel y mynnoch. Er bod fy ffrindiau mond pum milltir i ffwrdd ym Metws-y-coed, fysa waeth iddyn nhw fod ar ochr arall y byd.' Roedd gan Whay anifeiliaid anwes, sef dau alsatian ac roedd gan Olga gi defaid a chwpl o asynnod. Roedd yr asynnod fel cŵn mawr a fyddai'n dilyn Whay ac Olga i bob man ar y fferm. Pryd bynnag y byddai unrhyw un yn gorwedd ar y glaswellt, byddai'r mulod yn ymuno ac yn gorwedd i lawr hefyd. Weithiau byddent hyd yn oed yn mynd i'r tŷ.

Er na siaradai am ei gyfnod yn y fyddin, o bryd i'w gilydd byddai Whay yn dweud stori wrth Andy a Michael am ei ddyddiau fel comando. Cofiai Andy Whay yn dweud wrtho am y tro y gwnaeth ei naid parasiwt gyntaf, a hynny heb ymarfer. Yn y bôn roedd Whay wedi dweud iddo ddysgu sut i neidio allan o awyren trwy 'neidio allan o awyren'! Roedd stori arall amdano yn cael ei anfon i Sisili. Roedd patrôl Almaenig yn erlid Whay un noson. Daeth at wal, neidiodd drosti a glanio ar filwr Almaenig marw ar yr ochr arall. Roedd y corff yn chwyddedig ac yn llawn nwy. Pan laniodd traed Whay ar y corff fe ollyngodd y corff rech hir, uchel. 'O'r holl bethau y byswn i wedi gallu glanio arnyn nhw, mi nes i lanio ar Almaenwr marw. Roeddwn i'n ffodus ei fod wedi marw oherwydd roedd rhai byw yn rhedeg ar fy ôl ac yn saethu ata i!'

Roedd Andy yn cofio bod gan Whay Dystysgrif Gwasanaeth ar y wal gartref oedd yn rhestru'r holl wledydd y gwasanaethodd No.9 a No.11 Commando ynddynt. Roedd gan Whay 'X' yn erbyn y rhan fwyaf ohonyn nhw, ynghyd â'r medalau a enillodd ar y gwaelod. Nid yw'n syndod na siaradodd Whay erioed am sut ddyfarnwyd y medalau iddo – roedd siarad am yr atgofion yn peri poen iddo. Unwaith, pan holodd Dorothy, atebodd yn flin, 'Darnau o arian ydyn nhw wedi eu rhoi am ddewrder oherwydd mod i'n dda am ladd!' Gwnaeth y Commandos lawer o bethau a fyddai'n cael eu hystyried yn annerbyniol erbyn hyn. Ers y rhyfel, roedd Whay wedi dioddef o'r hyn sy'n cael ei gydnabod heddiw fel PTSD. Yn y nos, byddai'n deffro'r tŷ o bryd i'w gilydd, yn sgrechian yn y gwely wedi hunllefau difrifol. Gallai Jane ei gofio yn dioddef hunllefau hefyd. Fe'i perswadiodd gan Olga i fynd at ei feddyg.

Yn 1970 gadawodd Andy Nyth Brân i fynd yn brentis gyda'r RAF. Anfonwyd ef i'r Almaen a deuai adref ar wyliau yn rheolaidd. Ychydig flynyddoedd yn ddiweddarach daeth y newyddion am ddiagnosis cancr Olga. Bu Whay yn gofalu'n dyner amdani trwy gydol ei salwch a threuliodd y ddau eu holl amser gyda'i gilydd. Dim ond pan oedd gwir angen arian y byddai Whay yn gweithio, er mwyn gwneud y mwyaf o'r amser oedd ganddo ar ôl gyda'i wraig. Pan aeth Olga i fethu â symud oherwydd ei hiechyd, byddai Whay a hithau yn chwarae ar *monkey bikes* o gwmpas y fferm.

Torrodd Whay ei galon pan fu farw Olga yn 53 oed ym mis Mehefin 1976. Daeth Andy gartref ar gyfer angladd ei fam. Gwasgarwyd llwch Olga ar y twmpath y tu allan i gefn Nyth Brân. Cyn dychwelyd i'r Almaen, dywedodd Whay wrth Andy y byddai'n ei weld dros y Nadolig, ond dyna oedd y tro diwethaf i Andy ei weld. Yn drist ac wedi torri ei galon bu farw Whay yn Nyth Brân bedwar mis yn ddiweddarach, ar 17 Hydref 1976 yn bum deg wyth oed.

Trosglwyddwyd Nyth Brân i Andy. Roedd yn gyfnod trawmatig iawn iddo – dim ond un ar hugain oed ydoedd. Ac yntau yn ceisio dod i delerau â marwolaeth ei fam,

Jennie a Paul Sloan.

fe'i siglwyd ymhellach gan farwolaeth Whay. Ni wyddai beth i'w wneud â'r tŷ. Bu'n ffeind wrth ei ffrind gan adael iddo aros yn Nyth Brân am flwyddyn, ar yr amod ei fod yn cadw'r tŷ yn ddiogel ac mewn trefn.

Y tro diwethaf i Andy ymweld â Nyth Brân oedd yn 1978, i roi trefn ar eiddo ei rieni. Roedd Andy yn byw mewn barics yn yr Almaen ar y pryd ac nid oedd ganddo lawer o le i fynd ag unrhyw beth yn ôl gydag o. O ganlyniad, gadawyd llawer o eitemau a'r holl ddodrefn ar ôl. Ar ôl i ffrind Andy symud allan, trefnodd cyfreithiwr i roi Nyth Brân ar y farchnad. Fe'i gwerthwyd i'r teulu Sloan, ar ôl iddynt syrthio mewn cariad â'r lle.

Y Sloans
Yn yr 1970au roedd y cwpwl priod Paul a Jennie Sloan yn adnewyddu gwesty ym Meddgelert, lle roedden nhw'n berchen oriel hefyd. Roedd perthnasau Jennie yn digwydd bod yn byw mewn tŷ ar waelod trac Nyth Brân a nhw soniodd fod Nyth Brân ar werth. Aeth Jennie i gael golwg arno gan syrthio mewn cariad â'r tŷ yn y fan a'r lle. Awgrymodd wrth Paul y dylen nhw ei brynu, ond mynnai yntau fod ganddyn nhw fwy na digon ar eu dwylo yn barod. Perswadiodd Jennie Paul i fynd i Nyth Brân, gan wybod y byddai'n gwirioni o'i weld, a dyna yn wir a ddigwyddodd. Cytunodd y ddau i roi cynnig ar y lle a derbyniwyd eu cais. Un diwrnod yn ystod y gwaith adnewyddu ar eu gwesty ym Meddgelert, aeth yr *annex* ar dân. Yn ffodus, llwyddwyd i rwystro'r tân rhag lledaenu ond fe ddinistriodd yr ystafell lle cadwai Paul a Jennie eu

CYMRU GUDD 85

Y Sloans yn yr ardd.

Cegin Nyth Brân, sef bwthyn Cefn Ysgubell yn y gorffennol.

Jennie Sloan a'r teulu yn adnewyddu'r trac at y tŷ.

holl eiddo – nid oedd gan Jennie frwsh gwallt hyd yn oed.

Yn ffodus roedd gwerthiant Nyth Brân newydd ei gwblhau a derbyniodd y Sloans yr allweddi i'w cartref newydd. Symudodd Paul, Jennie a'u dau blentyn ifanc i mewn ar unwaith yn 1976. Roedd y caban wedi'i ddodrefnu ac roedd hyd yn oed cyflenwad digonol o foncyffion wedi eu hollti a'u sychu gan Whay yn barod at y gaeaf. Mwynhaodd y teulu gyfnod 'hudolus' yn Nyth Brân rhwng 1978 a 1980. Fe wnaethon nhw wella'r llwybr garw i fyny at y tŷ, ond roedd angen cerbyd gyriant pedair olwyn o hyd. Gweithiai Paul a Jennie gymaint o oriau rhwng yr oriel a'r gwesty fel nad oedd ganddyn nhw amser i wneud llawer y tu mewn i Nyth Brân, felly fe'i gadawyd yn union fel yr oedd pan oedd Whay ac Olga wedi byw yno. Roedd casgliad gwych Whay o lyfrau byd natur yn dal ar y silff, rhai wedi'u rhoi iddo fel anrhegion gyda chyflwyniadau wedi'u hysgrifennu y tu mewn iddynt, megis 'To Whay,

Cegin Nyth Brân.

with love, thank you for a lovely Christmas at Nyth Brân'. O dan estyll yr ystafell wely daethpwyd o hyd i lythyrau caru a ysgrifennwyd gan Whay yn mynegi ei gariad a'i ddiolchgarwch i Olga am ei wneud mor hapus.

Roedd y Sloans yn deulu cymdeithasol iawn. Byddai ffrindiau a theulu yn galw draw yn aml, pobl leol Capel Curig am sgwrs a threfnwyd sawl parti ac achlysur cymdeithasol yno. Roedd Paul wrth ei fodd yn canu'r gitâr a byddai llawer o ffrindiau'n dod i aros efo eu hofferynnau i jamio, gan gynnwys drymiwr The Rubettes. Pan gwblhawyd y gwaith adnewyddu ar eu gwesty bach, symudodd y teulu yn ôl i mewn i'r eiddo gan rentu Nyth Brân fel llety gwyliau am gyfnod.

Roedd y Sloans yn ffrindiau gyda chwpwl o dde Lloegr oedd yn berchen ar fwthyn gwyliau yn Inverness. Byddai'r cwpwl yn mynd ar wyliau i'w bwthyn yn rheolaidd ond roeddent yn blino ar y teithiau hir yn ôl ac ymlaen i'r Alban. Yn y cyfamser, roedd y

Sloans wedi penderfynu gwerthu eu heiddo yng ngogledd Cymru i ariannu prynu tŷ mawr yn Essex. Awgrymodd y Sloans i'r cwpwl y byddai prynu Nyth Brân yn arbed llawer iawn o amser ac arian ar eu teithiau. A hwythau wedi aros yn Nyth Brân gyda'r Sloans lawer gwaith, mater bach oedd derbyn y cynnig. Gwerthwyd y bwthyn yn Inverness yn syth bin gan brynu Nyth Brân tua'r flwyddyn 1980.

Heddiw
Mwynhaodd y cwpwl wyliau teuluol lawer gwaith yn Nyth Brân hyd nes iddynt wahanu flynyddoedd yn ddiweddarach gan ddadlau ynghylch pa un ohonynt oedd yn berchen yr eiddo mewn gwirionedd. Ar y pryd doedd y naill na'r llall ddim eisiau gwerthu Nyth Brân ac felly fe'i rhentwyd i fyfyrwyr am gyfnod byr ond gydag amser fe ddifrododd y myfyrwyr y tŷ a chawsant eu troi allan. Am beth amser wedyn bu Nyth Brân yn wag ac fe'i hesgeuluswyd. Gadawyd i ffrindiau ddefnyddio'r lle am ddim pryd bynnag y dymunent. Gwahoddodd rhai o'r ffrindiau hynny eu ffrindiau nhw a byddent yn aros yno am rai dyddiau neu wythnosau ar y tro. Un tro pan oedd Nyth Brân yn wag, fe ddygwyd eiddo o'r tŷ yn ogystal â'r holl gopr – y gwifrau trydanol, y boiler a'r arwynebau gwaith copr a wnaeth Whay oedd wedi'u hysgythru â llythrennau enw Dorothy, Jane ac yntau.

Dros y blynyddoedd ymwelodd nifer o gyfeillion oedd yn gyfarwydd â gorffennol y lle. Yn y nawdegau ymwelodd Jane droeon gyda'i phlant ac roedd hi'n synnu bod y tŷ prin wedi newid y tu mewn ers iddi adael. Ymwelodd ei hewythr, Peter, gyda'i deulu, ac felly hefyd fab Olga, Michael. Ni ddychwelodd ei frawd Andy – er gwaethaf yr amser hapus yn Nyth Brân, roedd rhai o'r atgofion yn rhy boenus iddo allu dychwelyd. Rhoddodd mab Hugh Tetlow a'i wraig gynnig ar brynu Nyth Brân ar ôl ymweld ond ni chafodd y cynnig ei dderbyn. Certiwyd deunyddiau adeiladu i'r safle flynyddoedd yn ôl gyda'r bwriad o atgyweirio'r adeilad ond ni chwblhawyd dim erioed. Nid yw'r caban wedi ei ddefnyddio ers dros ddeng mlynedd ar hugain bellach.

Ym mis Medi 2021 mi es â Jane oedd yn saith deg a dwy oed ar y pryd i Nyth Brân i ffarwelio â'i hen gartref am y tro olaf. Wrth i ni gerdded i fyny'r trac yr arferai ei gerdded bob dydd dros drigain mlynedd yn ôl i fynd i'r ysgol, roedd ganddi stori ar gyfer pob tro ar hyd y ffordd. Wrth iddi eistedd yng nghadair Whay ger y lle tân yn dal clustog wedi'i brodio a ganfuom yno oedd yn eiddo i'w mam, llifodd atgofion cynnes ei phlentyndod. I Jane byw yn Nyth Brân oedd blynyddoedd gorau ei bywyd.

Er bod Nyth Brân wedi gweld cyfran o drasiedi a thor calon, mae ei swyn unigryw wedi dod â heddwch a llawenydd i lawer hefyd. Dros y blynyddoedd mae'r

Paul a Jennie Sloan.

CYMRU GUDD 87

Nyth Brân o'r ardd, Mawrth 2018.

waliau sy'n prysur ddadfeilio wedi gweld cymeriadau lliwgar yn mynd a dod, ond yr hyn sy'n clymu'r holl deuluoedd at ei gilydd yw eu cariad at y lle roeddent yn ei alw'n 'gartref' unwaith. Mae pob un rydw i wedi siarad â nhw wedi mynegi diolchgarwch am eu hatgofion gwerthfawr o'r lle unigryw a hudolus hwn. Er bod dyfodol yr adeilad yn edrych yn llwm a chynlluniau ar gyfer y safle yn parhau i fod yn aneglur, mae un peth yn sicr, bydd Nyth Brân yn cael ei adennill eto – naill ai gan ddyn neu gan natur.

FFYNNON LLYFFANT A LLYN DULYN, Y CARNEDDAU

Ffynnon Llyffant yw'r llyn uchaf yng Nghymru, er prin ei fod yn llawer mwy na phwll mewn gwirionedd. Mae'r llyn tua 2,700 o droedfeddi i fyny mewn cwm diarffordd yng nghesail Carnedd Llywelyn, copa uchaf y Carneddau.

Ar y nawfed o Ragfyr, 1957, gadawodd awyren Canberra WK129 orsaf yr Awyrlu Brenhinol yn Pershore, Sir Gaerwrangon, am fynyddoedd Eryri ac arni griw o ddau. Roeddent yn uned o'r Sefydliad Ymchwil Radar, a'r nod oedd gweithredu profion cyfrinachol ar orsaf radar wedi ei lleoli ar gopa'r Drum yn y Carneddau. Wedi i'r criw gwblhau eu gwaith, aethant ymlaen i Ynys Seiriol, ger Penmon, Ynys Môn, cyn anfon neges radio i'r gweithredwyr radar yn cadarnhau eu bod wedi cyflawni'r profion a'u bod yn dychwelyd i'r orsaf awyrlu. Ni chafwyd cysylltiad arall gyda'r criw ar ôl hyn. Gan ofni'r gwaethaf, fe anfonwyd criwiau achub i chwilio amdanynt.

Olion mecanyddol, haearn mewn ffos sy'n llifo i Afon Eigiau.

Fe yrrwyd y criwiau achub i leoliad hysbys olaf yr awyren. Dilynodd yr orsaf radar drywydd y Canberra hyd at ddeng milltir i'r gogledd o'r Drum, ond nid oedd amcan lle yr aeth hi'r tu hwnt i'r pwynt yna.

Roedd y Canberra wedi hedfan drwy gymylau isel bylchog i gyfeiriad y dwyrain pan drawodd Carnedd Llywelyn ar y grib sydd yn cysylltu'r mynydd â Foel Grach. Chwalodd rhan flaen yr awyren yn deilchion, gan wasgaru darnau ar hyd llethrau gorllewinol y mynydd. Fe daflwyd rhannau canol a chefn yr awyren, yn ogystal â'r adenydd, dros y grib. Hyrddiodd yr olion i lawr y cwm cyn glanio wrth lannau Ffynnon Llyffant. Glaniodd olwyn gyfan a theiar yn y llyn, a'r ddwy injan jet yn agos ato. Gwasgarwyd darnau eraill hyd at hanner milltir ymhellach i lawr y cwm.

Yn sgil y fath ergyd, fe laddwyd y peilot Lefftenant Willam Albert Bell (31 oed), a'r *navigator*, Lefftenant Kenneth Charles Frederick Shelley (27 oed), yn syth. Ni ddarganfuwyd achos y ddamwain yn yr ymchwiliad a ddilynodd, ond sefydlwyd i'r awyren deithio o dan ei huchder diogel pan ddigwyddodd y ddamwain. Cynigiodd Comander criw y Canberra ei bod hi'n bosib y gallai rhew fod wedi amharu ar injan yr awyren gan beri iddi fethu. Yn adroddiadau tywydd y diwrnod, roedd hi'n addo y byddai'n rhewi uwchben 3,000 troedfedd. Roedd uchder safle yr ddamwain o gwmpas 3,280 troedfedd.

Disgynnodd y Canberra mewn ardal o'r Carneddau a adnabyddir fel 'Y Fynwent' gan ddynion Tîm Achub Mynydd yr Awyrlu Brenhinol. Mae dros ugain awyren wedi disgyn yno ers 1940. Mae tristwch ac unigrwydd i'r safle anghysbell a thawel yma yn enwedig pan fo'r tywydd yn cau, fel y gwnaeth pan ymwelais â'r lle. Teimlais ias wrth edrych i fyny o'r cwm at y grib gan ddychmygu'r ergyd a wasgarodd gymaint o falurion i'r ddaear o 'nghwmpas. Mae'r olion mawr metel yn edrych yn estron ar dirwedd lle nad oes unrhyw ôl dynol arall i'w weld. Gwelir darnau o ddur ac alwminiwm rhwng y creigiau, yn adlewyrchu pelydrau'r haul oddi ar eu corneli siarp, tra bod tameidiau rhydlyd eraill yn ysgwyd a gwichian yn y gwynt.

Ar fy ffordd yn ôl o Ffynnon Llyffant, galwais heibio Llyn Dulyn, lleoliad cyfagos gyda chofiedigaeth sylweddol o ddamweiniau awyr. Mae o leiaf wyth damwain wedi eu rhestru a dwsinau o fywydau wedi eu colli yn rhy fuan. Wrth i'r golau bylu, roeddwn i'n falch o adael y Carneddau ac yn diolch mod i'n cael mynd adref at fy nheulu, braint a wadwyd i'r holl ŵyr ifanc a gollodd eu bywydau yn y mynyddoedd hyn.

Cofeb i griw y Canberra wedi ei hysgrifennu ar ddarn o'r awyren:
In memory of the crew of Canberra WK129 who died when they crashed here in Dec 1957
Flt Lt Shelley
Flt Lt Bell

Un o olwynion a theiar y Canberra a ddisgynnodd i mewn i Ffynnon Llyffant, tua chwe chan troedfedd o dan safle'r ddamwain.

Trawodd y Canberra ochr draw y grib yn y pellter, sydd yn cysylltu Carnedd Llywelyn a Foel Grach. Taflwyd y darn hwn o'r awyren a gweddill ei chanol a'i chefn dros y grib cyn glanio yma.

Injan jet 'Avon' o'r Canberra a laniodd ger y llyn. Disgynnodd yr injan arall yr ochr bellaf ac islaw'r llyn.

Olwyn a theiar wedi glanio mewn pwll bychan islaw'r llyn dros chwe deg mlynedd yn ôl.

Safle olion y Canberra pan drawodd lethrau Carnedd Llywelyn yn y pellter.

Un o ddau bropelor o awyren Americanaidd, Dakota C-47B a drawodd Craig y Dulyn sydd yng nghefndir y llun, Tachwedd 11, 1944. Lladdwyd pob un o'r criw o bedwar. Ar fore Tachwedd 11, gadawodd yr awyren faes awyr Le Bourget ger Paris. Oherwydd tywydd garw, ni lwyddwyd i lanio yn ei chyrchfan wreiddiol sef maes awyr Burtonwood yn Swydd Gaer ac fe ailgyfeiriwyd y criw i RAF Fali, Ynys Môn. Cadarnhawyd y gorchymyn hwn gan y peilot, William C. Gough, toc cyn 1yh ond ni chlywyd gan y criw wedi hynny. Daethpwyd o hyd i safle'r ddamwain un diwrnod ar ddeg yn ddiweddarach. Yn 1972 cafwyd hyd i rannau o'r awyren ar waelod y llyn gan ddeifwyr, a symudwyd y propelor at argae'r llyn. Mae o dan ddŵr gan amlaf, ond yn ystod ysbeidiau eithriadol o boeth a sych, fel yn Awst 2021 pan gymerais y llun hwn, mae posib ei weld yn gyflawn.

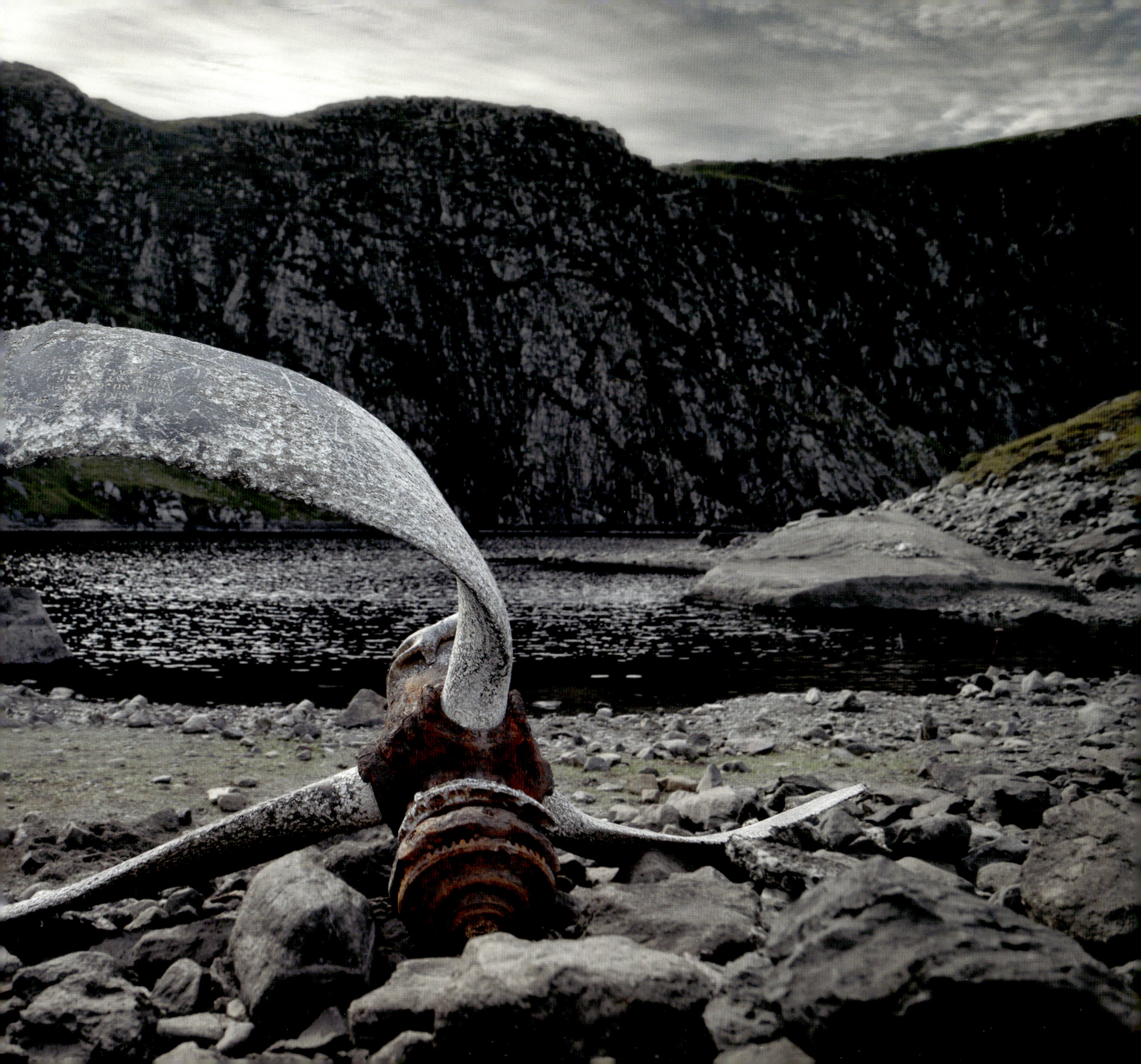

94

ADEILAD P6, FFATRI ARFAU CEMEGOL, RHYD-Y-MWYN

Ers yr Ail Ryfel Byd, mae pentref Rhyd-y-mwyn ger yr Wyddgrug wedi bod yn cuddio cyfrinach.

Yn yr 1930au hwyr, penderfynodd llywodraeth Chamberlain y dylai'r Deyrnas Unedig fod mewn sefyllfa i allu dial ar yr Almaen petaent yn ymosod gyda nwy mwstard, fel y disgwylid. Yn 1939 prynwyd safle oddeutu 35 hectar yn Nyffryn Alun gan y llywodraeth er mwyn cynhyrchu nwy mwstard a storio arfau cemegol. Cychwynnwyd ar y gwaith adeiladu oedd yn cynnwys codi dros gant o adeiladau arbenigol ar draws y safle. Tyllwyd twneli anferth i mewn i'r bryniau calchgraig er mwyn storio'r nwy mwstard a chreu rhwydwaith tanddaearol. Yn y twneli hyn y cadwyd y rhan fwyaf o stociau nwy mwstard y DU rhwng 1947 a 1959. Er fod gwaharddiad ar ddefnyddio'r nwy mewn ymosodiadau uniongyrchol, roedd yn gyfreithlon i'w ddefnyddio yn amddiffynnol neu i ddial ar ymosodwyr. Cadwyd lleoliad y ffatri arfau cemegol yn gyfrinach glos, ac ni chafodd ei darganfod gan yr Almaenwyr.

Mewn amser, fe dyfodd y safle i fod yn 86 hectar o faint, ac yn ei hanterth cyflogai'r ffatri ddwy fil o weithwyr yno. Cynhyrchwyd ordnans yno, pelenni nwy mwstard yn bennaf, a chredir bod oddeutu 40,000 o'r pelenni hyn yn cael eu cynhyrchu bob wythnos. Yn hwyrach, daeth y safle yn gysylltiedig â datblygiad y bom atomig. Rhwng 1940 ac 1941, yn adeilad P6 (Pyro 6) darganfyddodd gwyddonwyr y broses o dryllediad nwyol am y tro cyntaf. Dyma un o'r dulliau arfaethedig i wahanu isotopau wraniwm a arweiniodd yn ddiweddarach at greu'r bom atomig. Nid yn unig y darganfyddwyd y broses newydd hon, ond hefyd sut i'w datblygu ar raddfa ddiwydiannol, i greu bom atomig a fyddai'n amserol ac economaidd.

Oherwydd y gwaith arloesol a fu'n digwydd yn P6, roedd yr adeilad wedi'i neilltuo ac o dan warchodaeth drom. Am gyfnod byr, bu'r gwyddonwyr a fu'n gweithio yno ar flaen y gad ym maes ffiseg niwclear, cyn i'r gwaith symud i America, gan ddatblygu'n ddiweddarach yn Mrosiect Manhattan.

Ni ddaeth defnydd y safle fel lle i storio cemegau i ben tan yr 1950au hwyr, pan ildiodd y DU ei gallu arfau cemegol. Yn raddol fe ddinistriwyd y stôr o nwy mwstard. Yn ystod y Rhyfel Oer fe ddefnyddiwyd y safle er mwyn storio defnyddiau crai a chyflenwadau argyfwng rhag bygythiad rhyfel niwclear. Daeth defnydd y safle fel storfa i ben yn 1994. Chwalwyd llawer o'r adeiladau er mwyn diogelu'r safle, ond goroesodd nifer ohonynt, gan gynnwys P6 a'r adeiladau Pyro eraill. Yn 2008 cofrestrwyd yr adeiladau hyn yn rhai Gradd II, fel adeiladau unigryw o'u math, gyda phwysigrwydd hanesyddol rhyngwladol. Daeth un adeilad ar hugain arall ar y safle, gan gynnwys y twneli, o dan warchodaeth CADW.

Bellach mae safle Rhyd-y-mwyn yn cael ei redeg gan Bywyd Gwyllt Gogledd Ddwyrain Cymru Cyf (North East Wales Wildlife Ltd) fel gwarchodfa natur. Mae cymysgedd helaeth o fywyd gwyllt i'w gweld yno, gan gynnwys adar a blodau prin. Mae'n bosib trefnu taith gan aelodau Rhydymwyn Valley History Society i glywed hanes y safle a chael mynediad at agoriad y twneli.

Mae adeilad P6 ac eraill sydd wedi goroesi yn Rhyd-y-mwyn yn gofeb i oes a newidiodd Brydain am byth.

CAPEL NEWYDD NANHORON, PEN LLŶN

Saif y capel hirsgwar, syml a diymhongar hwn 'ym mhellafoedd hen wlad Llŷn' fel ysgrifennodd Cynan yn y gerdd 'Capel Nanhoron', neu a bod yn fanwl tua dwy filltir o bentref Mynytho, nepell o Stad Nanhoron. Mae'r capel wedi ei restru gan Cadw yn adeilad Gradd 1 oherwydd ei arbenigrwydd a'i fod o fath mor brin. Mae'r pulpud a'r seddi bocsys wedi goroesi, yn ogystal â'r llawr pridd gyda'i garped o fwsog llyfn sy'n gorchuddio'r asgellfa.

Capel Nanhoron.

Y llwybr at y capel.

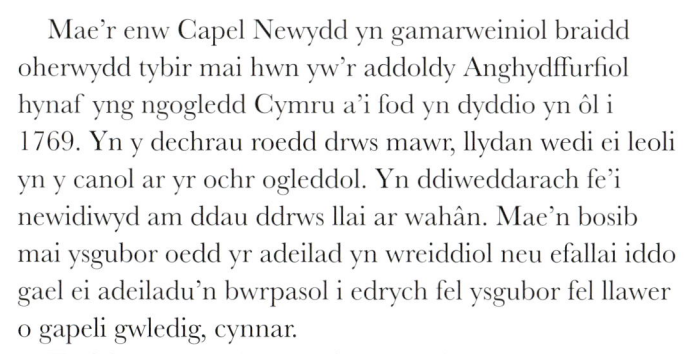

Roedd safle'r fynedfa wreiddiol tu ôl i'r pulpud.

Mae'r enw Capel Newydd yn gamarweiniol braidd oherwydd tybir mai hwn yw'r addoldy Anghydffurfiol hynaf yng ngogledd Cymru a'i fod yn dyddio yn ôl i 1769. Yn y dechrau roedd drws mawr, llydan wedi ei leoli yn y canol ar yr ochr ogleddol. Yn ddiweddarach fe'i newidiwyd am ddau ddrws llai ar wahân. Mae'n bosib mai ysgubor oedd yr adeilad yn wreiddiol neu efallai iddo gael ei adeiladu'n bwrpasol i edrych fel ysgubor fel llawer o gapeli gwledig, cynnar.

Tref Pwllheli oedd canolfan gyntaf yr Annibynwyr yn Sir Gaernarfon, ac oddi yno yr ymledodd yr enwad ymhellach trwy Arfon a Môn. Yng nghanol y ddeunawfed ganrif byddai grŵp bychan, lleol o Annibynwyr yn ymgynnull yn ffermdai Saethon a Lôn Dywyll ym mhlwyf Llangïan, er eu bod yn parhau i fod yn aelodau ym Mhwllheli. Yng Ngorffennaf 1769 prynwyd cae o'r enw Cae'r Delyn, rhan o dir fferm Gwag y Noe, oddi wrth y perchennog, Lewis Williams, a oedd hefyd yn un o'r aelodau. Yn y fan hon adeiladwyd Capel Newydd.

Trwyddedwyd fel addoldy anghydffurfiol ar y chweched o Hydref 1769, a bu'r capel mewn defnydd rheolaidd am dros ganrif wedyn.

Yn ystod y dyddiau cynnar croesawyd aelod tra gwahanol i weddill y gynulleidfa, sef Catherine Edwards o Blas Nanhoron. Ym mis Gorffennaf 1780 teithiodd Catherine o Ben Llŷn i Portsmouth i gyfarfod ei gŵr, Capten Timothy Edwards, sgweiar Nanhoron ac un o uchelwyr dylanwadol yr ardal. Roedd yn dychwelyd o India'r Gorllewin ar ôl misoedd o frwydro yn erbyn llynges Ffrainc. Pan gyrhaeddodd Catherine y porthladd, cafodd y newyddion brawychus fod ei gŵr wedi marw o dwymyn yn ystod y fordaith ac wedi ei gladdu ar y môr. Yn ôl y sôn, roedd trefniant rhwng Catherine a'i gŵr ei bod hi'n talu am y daith o Ben Llŷn i Portsmouth i'w gyfarfod ac yntau yn talu am y daith yn ôl i Ben Llŷn, rhag ei bod hi'n cario arian a fyddai'n denu lladron pen ffordd. Ym Mhortsmouth wedyn roedd Catherine ei hun ymhell o gatref, heb geiniog ar ei helw na neb i droi ato yn ei sioc a'i galar.

CYMRU GUDD

Edrych draw at y pulpud o sedd Catherine Williams.

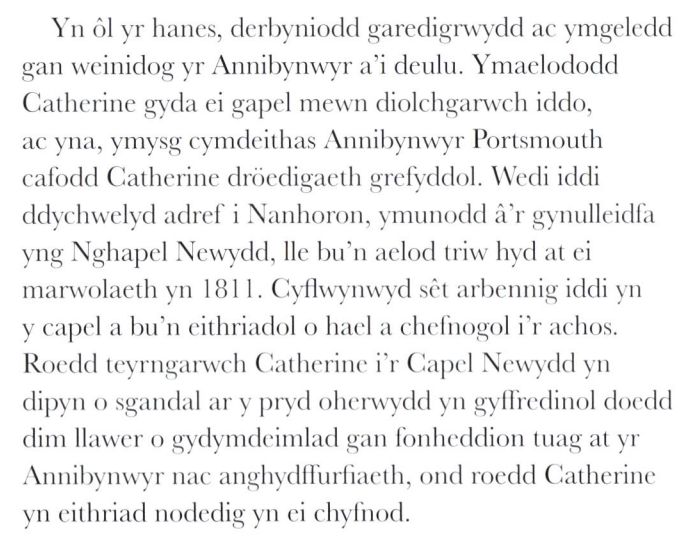

Yr olygfa o'r seddi cefn.

Yn ôl yr hanes, derbyniodd garedigrwydd ac ymgeledd gan weinidog yr Annibynwyr a'i deulu. Ymaelododd Catherine gyda ei gapel mewn diolchgarwch iddo, ac yna, ymysg cymdeithas Annibynwyr Portsmouth cafodd Catherine dröedigaeth grefyddol. Wedi iddi ddychwelyd adref i Nanhoron, ymunodd â'r gynulleidfa yng Nghapel Newydd, lle bu'n aelod triw hyd at ei marwolaeth yn 1811. Cyflwynwyd sêt arbennig iddi yn y capel a bu'n eithriadol o hael a chefnogol i'r achos. Roedd teyrngarwch Catherine i'r Capel Newydd yn dipyn o sgandal ar y pryd oherwydd yn gyffredinol doedd dim llawer o gydymdeimlad gan fonheddion tuag at yr Annibynwyr nac anghydffurfiaeth, ond roedd Catherine yn eithriad nodedig yn ei chyfnod.

Yn raddol, teneuodd poblogaeth Nanhoron wrth i boblogaeth Mynytho dyfu. Adeiladwyd capel cyfleus yn y pentref, sef Capel Horeb yn ystod haf 1872 ac fe sefydlwyd eglwys yno yn Rhagfyr yr un flwyddyn. Gwanychodd nifer cynulleidfa Capel Newydd o ganlyniad a thros amser achlysurol fu'r defnydd o'r adeilad cyn iddo'n raddol fynd yn segur. Erbyn 1953 roedd cyflwr y capel wedi dirywio ac o dan arweiniad Gwilym T. Jones, Clerc Cyngor Sir Gaernarfon ac Ysgrifennydd Cymdeithas Hanes Sir Gaernarfon ar y pryd, bu ymgyrch i godi arian i adfer y capel. Sefydlwyd Ymddiriedolaeth Capel Newydd a buont yn llwyddiannus yn sicrhau amrywiol grantiau at yr achos. Cwblhawyd y gwaith gofalus i adnewyddu'r capel yn 1957 ac fe'i hagorwyd yn swyddogol ym mis Gorffennaf y flwyddyn wedyn. Yn drist, bu farw Gwilym T. Jones yn 1956 cyn gweld diwedd y gwaith.

Cofrestrwyd yr Ymddiriedolaeth yn elusen yn y flwyddyn 2000 ac mae ymgyrch ar y gweill i warchod y capel at y dyfodol. Gallwch gyfrannu a helpu ffrindiau Capel Newydd mewn unrhyw ffordd trwy gysylltu â swyddogion yr Ymddiriedolaeth ar y cyfeiriad e-bost: capelnewyddnanhoron@outlook.com

Llawr pridd yr asgell wedi ei orchuddio gan fwsog.

Yr olygfa o'r pulpud. Gwelir sedd Catherine Williams o flaen y ffenest ar y dde.

Y bocsys casgliad a'r Beiblau yn parhau i fod yn eu lle priodol.

CYMRU GUDD 99

Canwyllbrennau yn aros i gael eu hailosod.

Mae amser wedi aros yn llonydd yng Nghapel Newydd.

Mae'n debyg fod pregeth Diolchgarwch, Dydd Llun, 19 Hydref 1942 wedi bod yn un hir.

Enw tair merch o Drefor a nodwyd ar bren un o'r seddi cefn ar Fai 24, 1952. Gwadodd un ohonynt wneud y fath beth.

EFAIL GALEDRYDD, PEN LLŶN

Erstalwm roedd chwarel fechan ym Moduan, Pen Llŷn. Bellach, mae wedi ei chuddio mewn coedwig yn ymyl nant brydferth. Cerrig cochion, caled ond rhydd oedd yno. Dyna yn ôl y sôn yw tarddiad yr enw a roddwyd i'r nant a'r efail gerllaw, sef 'Galedrydd', neu 'Gledrydd' fel y'i gelwir ar lafar. Mae Efail Galedrydd yn adeilad cofrestredig Gradd II, ac yn esiampl brin ac unigryw o efail gof draddodiadol sy'n llawn offer a thŵls. Anaml y dewch o hyd i efail mor gyflawn a hanesyddol â hon, yn enwedig gyda'r fath draddodiad teuluol o waith gofaint yn perthyn iddi. Bu Efail Galedrydd yn enwog am ei gofaint. Yn ôl y sôn, roedd gan bron pob gof ym Mhen Llŷn gysylltiad â'r efail hon mewn rhyw ffordd neu'i gilydd. Ar yr olwg gyntaf, does dim llawer wedi newid yno ers saith

Efail Galedrydd, y pentan fawr, ynghyd â'r egin, offer a thŵls gwreiddiol.

Cornel o'r efail ger y pentan mawr.

deg mlynedd neu fwy.

Yn ôl cofnodion lleol, y gof cyntaf i weithio'r pentan oedd gŵr a elwid yn 'Harri y Go', a hynny oddeutu 1855. Prentisiodd gŵr ifanc, Thomas Jones (1847-1914) yn yr efail, a phan adawodd Harri am America, prynodd Thomas Jones y lle gan Syr Love Jones Parry, perchennog yr efail yn ogystal â pherchennog Stad Madryn a'r rhan fwyaf o ffermydd y plwyf.

Roedd gan Thomas Jones a'i wraig Mary deulu mawr, a phan ddaeth yr amser i ymddeol, fe drosglwyddodd Thomas, neu 'Yr Hen O' fel y'i gelwid, yr efail ymlaen i'w fab, Richard Jones (1889-1972). Yn ei dro, pasiodd

Rhai o dŵls yr efail ar y pentan bach.

Un o feginau'r pentan mawr.

Richard yr efail i'w fab yntau, Thomas 'Twm' Jones (1915-1992). Pan gaeodd Twm ddrysau'r busnes yn 1952, oherwydd ei iechyd, daeth traddodiad teuluol o ofaint yn Efail Galedrydd a rychwantodd dair cenhedlaeth i ben.

Magodd yr 'Hen O' a'i wraig Mary naw o blant, tair merch a chwe mab. Prentisiodd pob un o'r meibion yn ofaint. Bu farw dau ohonynt yn ifanc – John yn bedair ar hugain oed mewn glofa yn y de a William mewn damwain yn Chwarel Carreg y Llam, Llithfaen. Bu'r pedwar arall yn llwyddiannus yn eu gefeiliau: Joseph yn Chwilog, George yn y Fantol, Rhoshirwaun, Thomas yn Nhudweiliog a Richard, adref gyda'i dad yn Efail Galedrydd.

Daeth eu meibion hwythau yn ofaint hefyd. Bu mab William yn of ym Mhwllheli. Bu un mab i Joseph yn of yn Lerpwl, ac un arall ym Motwnnog. Parhaodd mab Thomas, sef Tomos John, i redeg efail Tudweiliog gyda'i dad. Fe ddown yn ôl at hanes Tomos John yn nes ymlaen.

Roedd dau bentan yn Efail Galedrydd – un bach crwn i'r tasgau llai, a'r mwyaf, gyda dwy fegin, un ym mhob pen iddo, lle roedd modd poethi'r cylch haearn ar gyfer amgylchynu olwyn trol. Yn ei hanterth roedd gan yr efail gant ac ugain o geffylau ar ei llyfrau. Mae Eluned Jones, merch Twm Jones, yn cofio helpu ei thad wrth dywys y ceffylau i fyny'r lôn at yr efail. Yn aml iawn roedd rhes hir ohonynt tu allan i'r siop yn disgwyl i gael eu pedoli. Mae ganddi atgofion hapus o chwarae yn yr efail yn blentyn bach gyda'i brawd John – y ddau ohonynt yn hongian ar fraich y fegin ac yntau'n eu codi'n ôl i fyny gan chwerthin.

Yn 1904, blwyddyn y diwygiad, cychwynnwyd Ysgol Sul lewyrchus yn yr ardal. Ar y pryd, doedd dim capel yn y gymdogaeth ac arferai pobl gerdded yn bell i wahanol addoldai. Ar ôl trafod â rhai o'i gymdogion, cafodd Hugh Jones, amaethwr lleol a chymydog i'r teulu Jones, y syniad

CYMRU GUDD 103

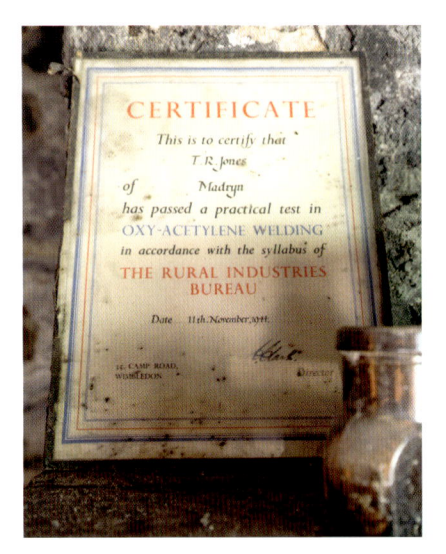

Tystysgrif weldio Twm Jones sy'n dal ar silff y pentan.

Offer a thŵls yr efail, a beic y daeth merch ifanc ag o i'w drwsio. Ni ddychwelodd i'w gasglu. Yn ôl y sôn mae'r ferch bellach mewn cartref henoed ym Mhwllheli yn ei nawdegau.

Offer a thŵls yr efail.

Pedol fechan ar y pentan mawr.

o gynnal Ysgol Sul yn yr unig le cyfleus oedd ganddynt ar y pryd, sef yr efail.

Aeth Hugh i'r efail i siarad â Thomas Jones un bore Gwener. Ar ôl te roeddent wedi dechrau ar y gwaith o lanhau'r efail, a buont wrthi drwy ddydd Sadwrn. Trwy garedigrwydd Stad Mardyn, cafwyd coed i wneud meinciau a bu'n rhaid eu gwneud ar frys. Gwnaed y cwt pedoli yn 'ddosbarth' i ddysgu'r plant, gyda Thomas Jones yn athro. Pan agorodd yr ysgol brynhawn Sul, roedd tri deg wyth wedi ymgynnull yno.

Ymhen dim o amser roedd tri deg pump o aelodau cyson yn yr ysgol. Cafodd yr engan ddefnydd newydd fel sêt i'r athro. Cymerodd Thomas Jones ddiddordeb anghyffredin yn yr ysgol, ac roedd ei frwdfrydedd fel athro yn amlwg. Cafodd ei fagu yn ardal Deiniolen ac roedd yn gyfarwydd iawn â rhai o'r hen bregethwyr o gyfnod ei fagwraeth. Soniai yn aml am Robert Ellis Ysgoldy, John Jones Brynrodyn a Thomas Williams Rhyd-ddu ac amryw o rai eraill. Roedd ei atgofion ohonynt yn rhoi llawer o gymorth gyda gwaith ei ddosbarth.

Ymhen dipyn roedd cyfarfod gweddi bob nos Sul yn yr efail a chyfarfod gweddi neu bregeth bob nos Wener. Byddai'r efail yn llawn bob amser yn ystod y gwasanaethau hyn. Ar y cychwyn, gorchuddiwyd y pentanau a'r eingionau gyda hen bapurau newydd rhag i bobl faeddu eu dillad, ond pan ddaliwyd un hen frawd yn darllen tra roedd rhywun yn gweddïo, bu'n rhaid cael gwared â'r papurau a phrynwyd darnau o sachliain. Yn ogystal â'r Ysgol Sul, cynhelid cyfarfodydd gweddi a gwasanaethau pregethu yno. Weithiau byddai pregethwr yn rhoi pregeth yno hefyd. Bedyddiwyd dwy ferch leol ar lawr yr efail gan y Parchedig John Hughes, Edern.

Goriadau'n hongian ar y pentan.

Parhaodd y gwasanaethau yn yr efail tan 1907, pan godwyd capel newydd yn y gymdogaeth, Capel Graigwen, sydd bellach yn gartref preifat. Cafodd Thomas Jones y fraint o gael mynd i ganlyn ei ddosbarth i'r capel newydd, a chafodd ei ddewis yn flaenor yno. Dirywiodd ei iechyd dros y blynyddoedd canlynol a bu'n wael am fisoedd cyn iddo farw. Dywedodd lawer gwaith yn ei gystudd fod ei hiraeth yn fawr am gael bod gyda'i ddosbarth yn yr Ysgol Sul.

Mae'r teulu Jones, Efail Galedrydd, wedi gadael ers blynyddoedd. Bu John, mab Twm Jones, yn byw drws nesaf i'r efail tan 2012 cyn iddo symud. Yn niwedd 2020, prynwyd yr efail gan gwpwl o Loegr i ymddeol yn nhŷ'r efail. Maent yn gwerthfawrogi unigrwydd yr efail ac yn

Rhes o bedolau o bob maint.

Tair llif rydlyd.

Un o lampau paraffîn yr efail.

Efail Galedrydd fel y mae hi heddiw.

ymfalchïo ym mhwysigrwydd ei hanes. Mae'r cwpwl yn awyddus i gasglu hanes yr efail, ac maent yn y broses o wneud adnewyddiadau sensitif ond angenrheidiol i'r adeilad. Ar wahân i hynny, y bwriad yw gadael yr efail fel ag y mae hi, a'i hagor i ymwelwyr ac ysgolion, fel y bydd hanes arbennig Efail Galedrydd a'i gofaint yn fyw.

Tomos John
Daeth Tomos Jones (1909-1989), 'Tomos John' fel y'i hadnabyddid, yn of yn Nhudweiliog ar ôl ei dad, oedd hefyd o'r enw Thomas Jones, ac yntau yn fab i Thomas Jones ('yr Hen O'). Bu'n rhedeg yr efail nes iddo ymddeol o gwmpas 1970. Adeiladodd Tomos John fynglo yn yr ardd gyferbyn â'r efail ar gyfer ei ymddeoliad, a bu'n

Efail Galedrydd. (Hawlfraint: Eluned Jones)

Pedoli o flaen yr efail. (Hawlfraint: Eluned Jones)

Richard Jones y gof yn y drws gyda Thomas (Twm) ei fab. (Hawlfraint: Eluned Jones)

byw yno gyda'i wraig am weddill eu dyddiau. Ar lafar gwlad, adnabyddid yr efail fel 'y senedd' neu 'parliment y pentre'. Bu'n fan cyfarfod hwylus i bentrefwyr ymgynnull yn ddyddiol am sgwrs, ac i drafod gyda hwn a'r llall. Pan fyddai Tomos John yn gweithio'n hwyr, deuai'r pentrefwyr i mewn o'r oerfel i gynhesu o gwmpas y pentan ac i ymuno mewn sgwrs a chân.

Roedd teulu'r Jonesiaid wastad wedi bod yn gerddorol, a pharhaodd Tomos John y traddodiad o fod yn godwr canu yng Nghapel Tudweiliog am dri deg saith o flynyddoedd. Roedd wrth ei fodd yn canu ac roedd ganddo lais tenor swynol. Pryd bynnag y gwyddai Tomos John fod ffermwr neu gwsmer gyda llais da am alw yn yr efail, byddai yn rhoi'r twls i lawr a chau'r efail am ryw hanner awr. Yna byddent yn mynd i barlwr y tŷ i ganu, gan amlaf i gyfeiliant ei wraig wrth y piano. Dechreuodd Twm recordio'r sesiynau yma o'r 1960au ymlaen. Cafodd bleser mawr yn gwrando'n ôl ar y recordiadau o leisiau pobl leol yn canu. Hoffai sgwrsio a chlywed y llu o straeon

Thomas Jones 'Yr Hen O' (1847-1914) gof y Gledrydd, a'i wraig Mary (1846-1932). (Hawlfraint: Eluned Jones)

a gyrhaeddai'r efail o bob cwr. Os galwai cymeriad diddorol yn yr efail, ac roedd digonedd ohonynt, byddai Tomos John yn eu recordio yn dweud eu straeon diddorol a digrif.

Prentisiodd dau fachgen lleol yn yr efail o dan ofal Tomos John. Daeth Robert John Williams, neu Robin 'Refail fel y'i gelwid, yno yn syth o'r ysgol, a phrentisiodd Evan Brady yn 1954, yr un flwyddyn ag y pedolwyd y ceffyl olaf yn yr efail. Gweithiodd Robin ac Evan yn ddedwydd yno nes daeth hi'n amser i Tomos John ymddeol ac yna cymerodd Evan yr efail drosodd. Erbyn yr 1970au roedd gwaith gof wedi newid yn llwyr ers dyddiau'r ceffyl a throl. Bellach doedd dim llawer o gwsmeriaid yn mynd â'u ceir, tractors na motobeics i'r gefeiliau i'w trwsio ychwaith. Fel pob busnes, bu'n rhaid i Evan symud gyda'r amser, a dyna a wnaeth. Fe lwyddodd Evan yn ei efail, a phan ddaeth yn amser iddo ymddeol, trosglwyddodd y busnes i'w fab, Chris Brady.

Mae Chris yn gweithio yng ngefail Tudweiliog hyd

Pedoli o flaen yr efail. (Hawlfraint: Eluned Jones)

Yr arwydd a arferai fod yn ffenest yr efail, wedi ei gadw gan Eluned Jones.

Teulu'r Jonesiaid, Y Galedrydd, tua 1916. O'r dde i'r chwith – Elin Jones (gwraig Richard), Richard Jones y gof, Mary Jones (mam Richard), mab Richard ac Elin, sef Twm Jones, a dau weithiwr ffordd. (Hawlfraint: Eluned Jones)

Tŷ'r efail. Mary Jones ac un o'i meibion.
(Hawlfraint: Eluned Jones)

Efail Chwilog yn y tridegau. Joseph Jones y gof (mab 'Yr Hen O') yw'r ail o'r chwith. (Hawlfraint: Gwasg Carreg Gwalch)

CYMRU GUDD 109

heddiw, yn rhedeg busnes llwyddiannus fel gof a weldar. Rhan helaeth o'i waith yw gwneud giatiau, reilings, ffensiau, dodrefn ac offer i'r cartref, offer lle tân, addurniadau haearn a llawer mwy. Datblygwyd y busnes i agor siop ar safle hen weithdy crydd, dan yr un to â'r efail. Yno mae Chris a Mandy ei wraig yn creu a gwerthu eu nwyddau.

Wrth gwrs, dros y blynyddoedd bu addasiadau a newidiadau i'r efail, er nad yw ei hedrychiad wedi newid llawer ers dyddiau Tomos John. Mae'r ddau bentan yn parhau i gael eu defnyddio. Trydan sydd yn pweru'r pentan mawr ers blynyddoedd, ond megin sy'n dal i chwythu tân y pentan bach. Lle bu unwaith ddwsinau o efeiliau ledled Pen Llŷn, Chris yw'r unig of sydd yn gweithio yno bellach.

Mae morthwylion yn taro'r engan yng ngefail Tudweiliog i'w clywed ers pedair cenhedlaeth. Gyda busnes Chris yn llwyddo, a'i blant yn dangos diddordeb yn yr efail, gobeithio na fydd y morthwylion yn tawelu yn fuan ychwaith.

Ffens addurniadol gan Chris Brady, Efail Tudweiliog. (Hawlfraint: Chris Brady)

Chris Brady wrth ei waith yn Efail Tudweiliog. (Hawlfraint: Chris Brady)

Giât wedi ei gwneud gan Chris Brady.
(Hawlfraint: Chris Brady)

Gwaith Chris Brady, Efail Tudweiliog. (Hawlfraint: Chris Brady)

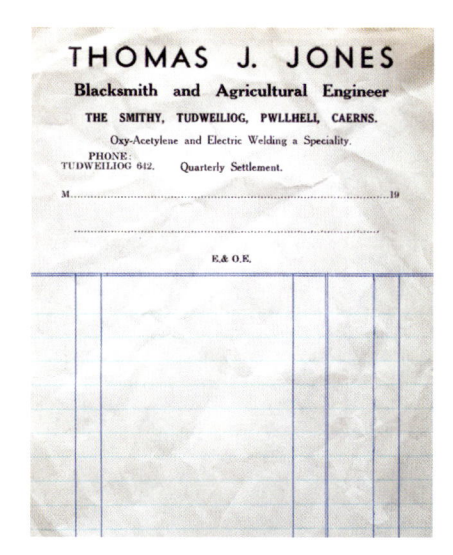

Llyfr Taleb, Efail Tudweiliog.
(Hawlfraint: Hefina Williams)

Efail Tudweiliog. Tomos John Jones a Robert John Williams (Robin 'Refail) tua 1948.
(Hawlfraint: Gwasg Carreg Gwalch)

CYMRU GUDD 111

CRINDIR, PEN LLŶN

Fel y rhan fwyaf o'r lleoliadau yn y gyfrol hon, wyddwn i ddim beth i'w ddisgwyl cyn cyrraedd. Pan gychwynnais am Grindir un prynhawn ddechrau Ebrill, dim ond enw'r tŷ oedd gen i, a dim amcan am ei hanes na'i gyflwr. Clywais yn ddiweddarach i'r tŷ gael ei enwi ar ôl y ffordd roedd y caeau glas o'i gwmpas yn sychu a chrino yn ystod hafau hir a phoeth Pen Llŷn.

Pan gyrhaeddais yr ardal, holais ddau ffermwr lleol ynglŷn â'r ffordd orau i gael at y tŷ. Edrychodd y ddau yn syn arnaf, cystal â dweud 'Pa reswm fyddai gan neb dros fynd yno?' Cefais yr argraff glir nad oedd neb wedi holi am gyfarwyddiadau i Grindir o'r blaen. Doedd y naill na'r llall yn gwybod dim o'i hanes, nac yn cofio neb yn byw yno. Wedi derbyn eu cyngor am y trywydd gorau i'w gyrraedd, cychwynnais ar droed drwy'r caeau, fel y byddai teulu Huw, Jini Hughes a'u plant wedi gwneud slawer dydd, gan na fuodd erioed ffordd na llwybr at Grindir.

Roedd yn brynhawn heulog, braf a'r adar yn canu yn yr awyr las uwchben. Roeddwn i'n chwibanu tiwn hefyd, yn hapus mod i ar antur arall. Toc, cyrhaeddais goedlan fechan sydd yn amgylchynu Crindir ac wedi ei guddio rhag y byd modern ers ymhell dros hanner canrif. Cymerais gam i mewn i'r coed, ac yn sydyn, gostyngodd y tymheredd yn siarp. Daeth niwl môr trwchus o nunlle ac amgylchynu'r goedlan, gan greu awyrgylch oer, mud, bron yn arallfydol. Roedd y distawrwydd a'r llonyddwch yn llethol. Dan droed, roedd llawr y goedwig yn fwrlwm o laswellt a dail gwyrdd, gyda charped amryliw o gennin Pedr a briallu llachar a lliwgar. Trwy'r niwl a'r coed

Crindir a'r ardd sydd bellach yn wyllt, Gwanwyn 2021.

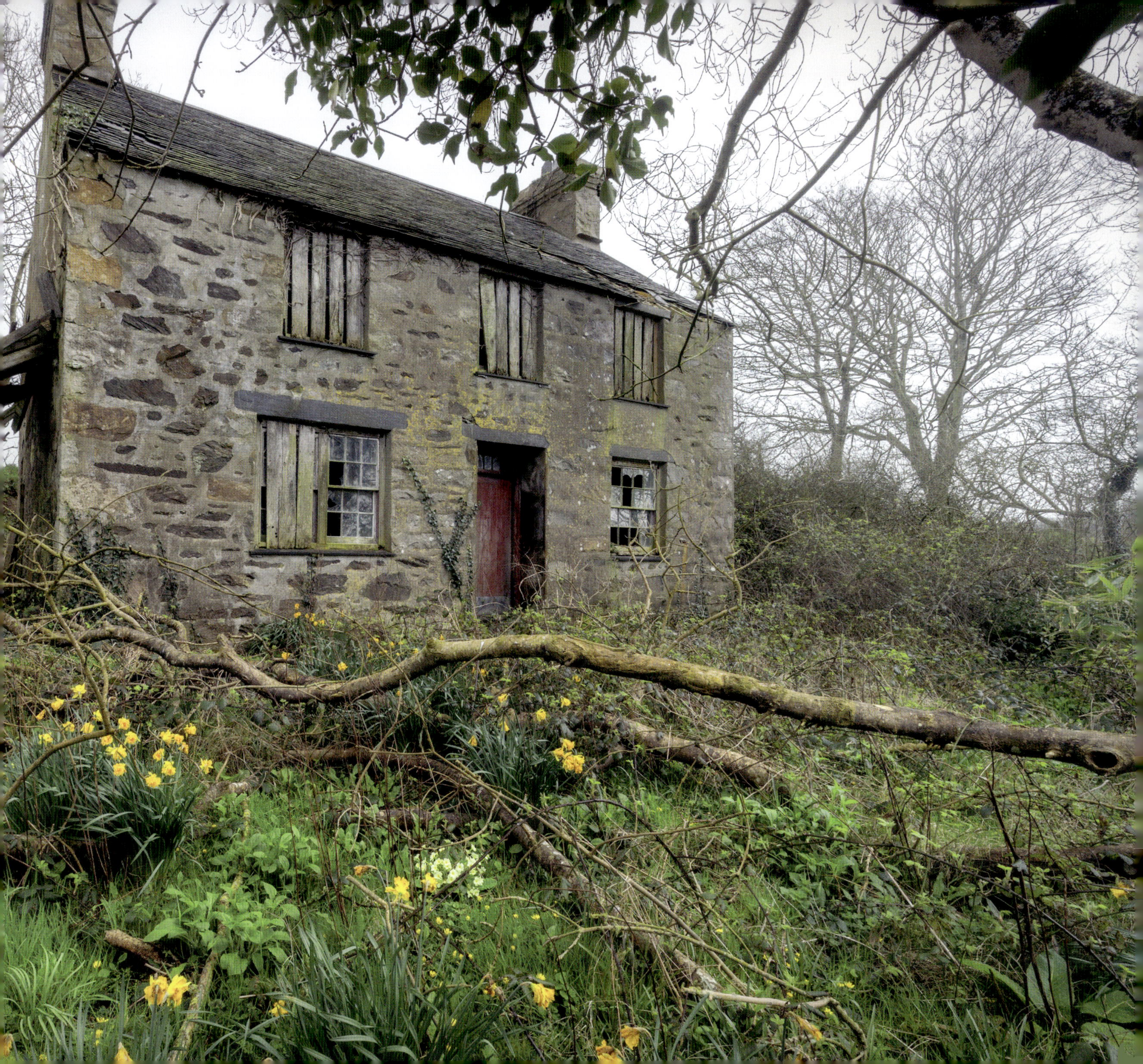

cefais gip ar ddrws coch wedi colli ei liw, yna ffenestr wedi torri. Cerddais rhwng y coed i sefyll o flaen y tŷ carreg, atmosfferig, gan edmygu ei gadernid, er gwaetha'r holl flynyddoedd o'i adael yn angof. Roedd hwn yn lle arbennig. Yn syth, roedd fy nychymyg yn prysur weld delweddau o'r trigolion a oedd yn byw yma unwaith ac yn dychmygu'r straeon a fu o fewn ei furiau cadarn.

Am flynyddoedd maith yn y bedwaredd ganrif ar bymtheg roedd Crindir yn gartref i'r Parchedig James Hughes. Bu farw ei wraig tua deuddeg mlynedd o'i flaen, ac yn ystod y cyfnod olaf yma yn ei fywyd roedd yn cyflogi Mrs Betris Roberts i edrych ar ei ôl. Daeth James Hughes yn gyfeillgar â brawd Mrs Roberts, sef Owen Williams, a chymaint oedd eu cyfeillgarwch, rhoddodd James Hughes y fferm i Owen Williams ychydig o flynyddoedd cyn ei farwolaeth. Bu Owen yn cyd-fyw â'r gweinidog yng Nghrindir am gyfnod wedyn. Dysgodd James lawer i'r gŵr ifanc am yr efengyl a phregethu cyn ei farwolaeth yn Hydref 1851 yn saith deg a thair oed. Roedd Owen yn ŵyr i'r pregethwr enwog, Robert Jones, Rhoslan, ac yn ôl y sôn, roedd y ddau'n debyg iawn i'w gilydd o ran edrychiad, agweddau a chymeriad.

Yn ôl cyfrifiad 1861, roedd Owen Williams yn parhau i fyw yng Nghrindir, ond bellach gyda'i wraig Margaret a'u plant, Hugh, Hannah a Jane. Roedd Owen yn ffermio'r pedwar deg pump erw ac yn cyflogi gwas o'r enw Moses Roberts, a morwyn tŷ o'r enw Jane Jones. Bu'r teulu yn gweithio'n ddiwyd ar Grindir, ac yn ôl y sôn, roedd y tŷ a'r ardd yn un o'r llefydd 'mwyaf dymunol yn yr holl wlad'.

Er bod crefydd yn agos at galon Owen Williams, rhywbryd o gwmpas 1858, pan oedd dros ei hanner cant oed, gwnaeth broffes gyhoeddus ohoni ac fe'i dewiswyd yn flaenor yn 1866. Parhaodd yn y swydd hyd ei farwolaeth ugain mlynedd yn ddiweddarach. Bu Owen hefyd yn gweithio'n ddiwyd yn yr ysgol leol am flynyddoedd maith, fel arolygwr ac athro. Adeiladwyd dau gapel gerllaw i Grindir, a chymerodd Owen Williams ran fawr yn eu hadeiladu. Yn ystod eu tri deg chwech o flynyddoedd o fywyd priodasol, bu Owen a Margaret yn garedig iawn wrth bregethwyr yr ardal, gan gynnig llety iddynt fel oedd yr angen. Roedd drws Crindir wastad yn agored iddynt. Cafodd Owen Williams drawiad o'r parlys ryw dair wythnos cyn ei farwolaeth ac ni fedrai siarad gair ar ôl hynny. Bu farw yn saith deg saith oed ar y deuddegfed o Fedi, 1886, a hynny ddim ond chwe wythnos ar ôl ei wraig, Margaret, a fu farw ar y cyntaf o Awst.

Rhywbryd rhwng 1901 a 1902 symudodd Robert Hughes a'i deulu hanner milltir o'u cartref, Ffridd Wen, i Grindir. Amaethwr a chipar i Stad Cefnamwlch oedd Robert. Roedd yn ffermio Crindir gyda'i wraig Janet a'u hunig blentyn, Hugh, neu Huw Crindir fel y'i hadnabyddwyd am weddill ei oes. Roedd Huw yn bedair neu bump pan symudodd ei deulu yno. Roedd Magdalen Hughes, mam Robert yn byw gyda nhw hefyd. Bu farw Magdalen yng Nghrindir ar y pedwerydd o Fedi, 1902.

Roedd Huw yn werinwr ffraeth ac yn un o gymeriadau'r fro. Yn gorfforol, dyn bychan ydoedd, ond beth bynnag yr oedd Huw yn ei golli mewn taldra, roedd yn fwy na gwneud i fyny amdano mewn cymeriad. Dywedodd ei ffrind da, Wil Parsal, mewn un o'i amryw gerddi amdano 'Os nad yw yn fawr, mae o'n ddigon!' Roedd ganddo hiwmor direidus a gallai adrodd stori dda. Roedd Huw Crindir yn dynnwr coes heb ei ail, ac roedd ganddo ei farn bendant am bopeth, yn enwedig am fewnfudwyr. Dywedodd ei fod yn cofio adeg pan oedd Sais yn Llŷn 'Fel cocatŵ mewn cwt ieir.' Roedd yn gyrru'n ara deg yn ei gerbyd un tro, fel y byddai wastad yn

Huw Crindir a'i gŵn defaid.

Huw Crindir yn hŷn, gyda'i gŵn defaid.

gwneud, pan ddechreuodd rhyw Sais ganu ei gorn y tu ôl iddo. Gwylltiodd Huw a bloeddiodd trwy'r ffenest, 'Cau dy geg, mi oeddwn i yma yn y gaeaf hefyd!'

Roedd gan Huw gysylltiad arbennig gydag anifeiliaid. Deuai o deulu hir o amaethwyr ac roedd ganddo allu i ddatblygu perthynas naturiol a chryf gyda'i anifeiliaid, yn enwedig cŵn a cheffylau. Yng Nghrindir bu'n ffermio gwartheg a moch, a chadw ieir a gwyddau, ond yr oedd yn hoffi ei geffylau yn arw, neu 'ffyla' fel y byddai'n eu galw. Bu ganddo lawer o geffylau dros y blynyddoedd. Byddai'n mynd allan atynt cyn mynd i'w wely i 'sberu' sef i roi gwellt iddynt cyn y noson hir. Arferai Huw deithio i Bwllheli gyda merlen goch o'r enw Polly, a llond cart o foch a gŵydd i'w gwerthu. Bu'n heliwr cwningod ac yn 'dyrchwr' o fri. Yn

ôl Wil Parsal, roedd o'n 'dyrchwr proffesiynol'. Erstalwm defnyddid clwt creosot gan ffermwyr i hel tyrchod o'u tir, ond doedd Huw ddim yn hoff o'r dull hwnnw – 'Gweithred anghymdogol' oedd geiriau Huw. 'Send the twrch further i boeni pobl lle nesa!' Gwenwyno'r tyrch gyda phryfed genwair oedd y dull a ffafriai Huw, ond credai nad oedd y twrch yn hoff iawn o bryfed genwair gwynion. 'Rhai coch mae'r twrch yn flasu, bois,' meddai Huw. Yn ôl y sôn byddai'n teithio'n bwrpasol i Foduan er mwyn casglu'r genwair coch yma. Pan ofynnwyd iddo pam y tybiai fod y twrch yn ffafrio genwair coch yn hytrach na rhai gwyn, atebodd, 'Mae'n rhaid i mi gadw'r gyfrinach yna i mi fy hun neu mi gollaf fy job fel tyrchwr.' Dyna ddangos faint o lwynog oedd Huw Crindir.

CYMRU GUDD 115

Stof y gegin.

Llofft gefn.

Crindir a'r goedlan o'i gwmpas, Gwanwyn 2021.

Y gegin gefn.

Yr ystafell fyw.

Y grisiau o'r lolfa.

Y landing.

CYMRU GUDD 117

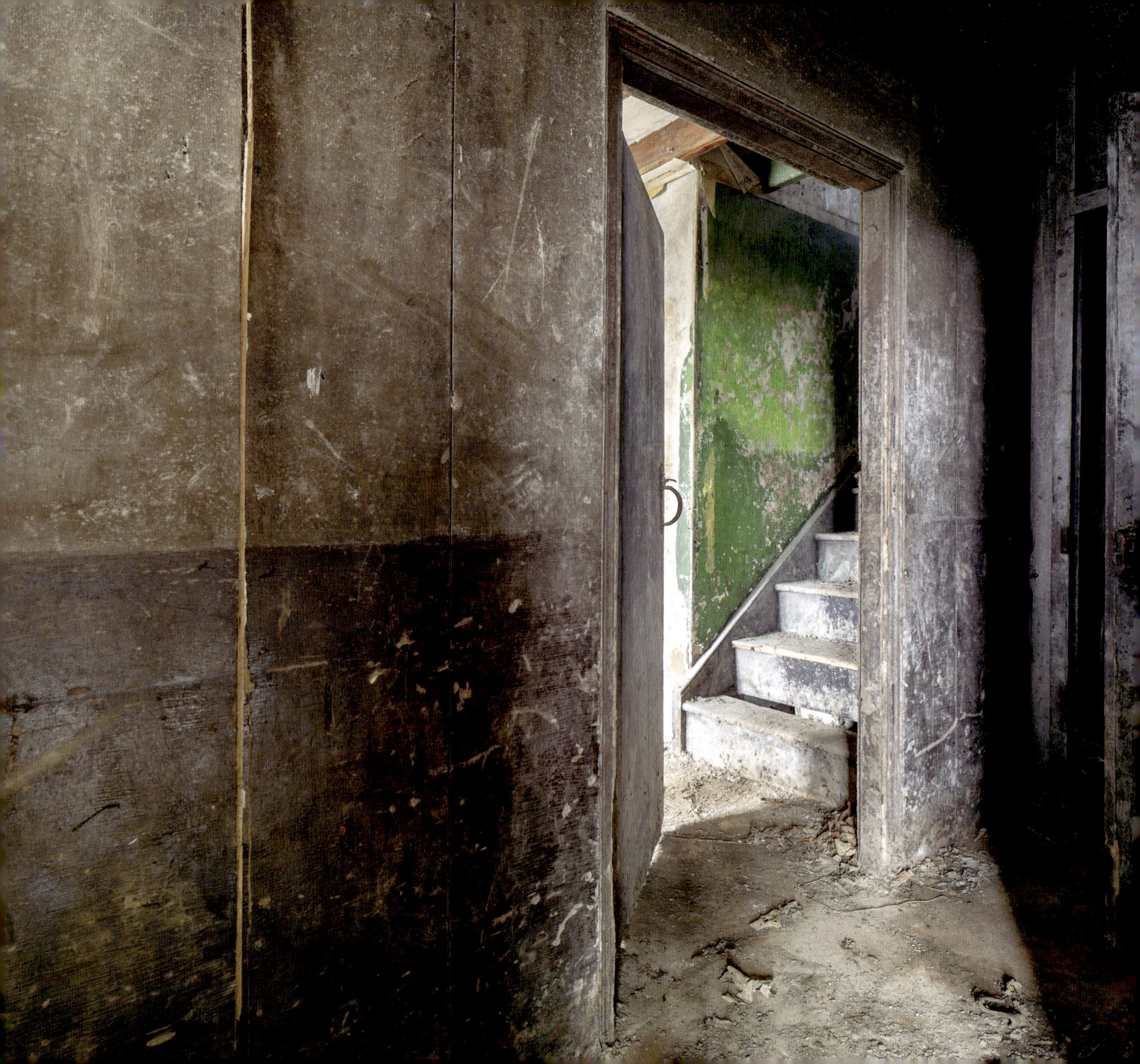

Lle tân y parlwr.

Y cyntedd, yn edrych i gyfeiriad yr ystafell fyw.

Papur wal o'r cyfnod yn yr ystafell fyw.

CYMRU GUDD 119

Pleser pennaf Huw am flynyddoedd maith oedd rasio cŵn defaid. Enillodd lawer o wobrau a chwpanau trwy gystadlu mewn rasys cŵn. Yn y Rhiw, enillodd Huw yr un gwpan deirgwaith a cael ei chadw'n barhaol o ganlyniad. Mae'r gwpan honno nawr yn cael ei thrysori gan ei ŵyr, Kevin. Un tro aeth Huw a'i hen ffrind, Now Parciau, i ras cŵn defaid yn Ynys Môn. Wedi i'r ddau fynd ar goll, gofynnodd Huw i ryw ddyn oedd mewn cae gerllaw lle oedd y ras. Wedi cael y cyfarwyddiadau, cychwynnodd y ddau ar eu ffordd eto. Ar ôl crwydro'r ffyrdd am beth oedd yn teimlo fel oriau, daethon nhw at ddyn mewn cae. Dyma Now yn stopio'r car i Huw ofyn cyfarwyddiadau iddo, cyn iddi wawrio ar Huw eu bod yn ôl yn yr union fan eto.

Yn ogystal ag amaethu Crindir, bu Huw yn canlyn stalwyn o amgylch Pen Llŷn. Ef oedd yr olaf i ganlyn Stalwyn y Gymdeithas yn Sir Gaernarfon. Bu'n gwneud hyn am oddeutu ugain mlynedd, tan y pumdegau cynnar. Yn ôl y sôn, roedd y stalwyn olaf iddo ganlyn yn mesur un deg saith llaw! Er bod Huw yn fychan o gorffolaeth, ni chafodd erioed drafferth i drin a thywys y stalwyni mawr. Ar ei deithiau o amgylch Llŷn, yn yr un llefydd y byddai'n aros dros nos bob tro. Bodwyddog yn y Rhiw nos Lun. Berthaur ar y nos Fawrth. Felin Newydd, Nanhoron nos Fercher. Bryn Dewin, Chwilog nos Iau, a Thŷ Newydd, Llannor nos Wener.

Dyma ddetholiad o gerdd Wil Parsal, 'Huw Crindir yn 80':

Gwerinwr ffraeth yw Huwcyn,
Does undyn byw a wad,
Ac un o'r cymeriadau
Sy'n cilio o gefn gwlad.

Wrth ganlyn y stalwyni
Daeth Huw i gymaint bri;
Bu wrthi gyda'r gorchwyl
Flynyddoedd maith eu rhi.

Mi gerddodd, bobol annwyl,
Yng nghanol gwres a glaw,
Ac arth o geffyl anferth
Fel oenig yn ei law.

A syndod im pryd hwnnw,
Mae'n syndod hyd yn awr,
Pa fodd 'roedd dyn mor fychan
Yn ffrwyno march mor fawr.

Wil Parsal

Gruffydd ac Anne Jones, Ysgoldy, Sarn, a thri o'u plant sef Harri, Annie a Jini.

Huw Hughes, Jini a'i thad Gruffydd Jones.

Huw a Jini Hughes, Crindir.

Ar y deuddegfed o Dachwedd 1919, priododd Huw eneth o'r enw Jennie 'Jini' Jones, merch Gruffydd ac Anne Jones, Ysgoldy, Bryncroes. Ymhen llai na blwyddyn ganwyd eu merch gyntaf, Catherine Magdalen, yn 1920, ond fel Mada y câi ei hadnabod. Cafodd Huw a Jini bedwar plentyn arall, sef Janet Tudwen (Netta) yn 1922, Griffith Henry (Guto) yn 1926, a'r efeilliaid Jane Ellen (Sian) a Robert (Robin) yn 1928. Roedd rhieni Huw yn parhau i fyw yng Nghrindir efo'r teulu, felly gellir dychmygu faint o fwrlwm oedd yn y cartref pum llofft, gyda phump o blant, mam a dad a nain a thaid i gyd yn byw yno! Roedd cyfnither Jini a drigai yn Llidiard Gwyn yn gymydog agos. Roedd ei chartref tua hanner milltir i ffwrdd dros y caeau o flaen Crindir. Arferai hi a Jini gadw mewn cysylltiad drwy hongian lliain gwyn ar y lein ddillad i adael i'r naill a'r llall wybod eu bod gartref, fel oedd y drefn yng nghefn gwlad y dyddiau hynny. Yn ôl atgofion

Priodas Huw a Jini Hughes, Tachwedd 12, 1919. Gruffydd Jones (tad Jini), Huw Hughes, Willie Jones (gwas priodas), Jini Hughes, Annie Jones (y forwyn briodas a chwaer Jini).

(Llun: Sulwen Hughes)

CYMRU GUDD   121

Huw a Jini Hughes a Mada.

Guto'n blentyn gydag un o gŵn defaid Crindir.

Sian a Robin, yr efeilliaid, Crindir.

Mada (chwith), Netta (dde) a Guto.

y plant, roedd bywyd yn galed ond yn hapus iawn yng Nghrindir. Roedd mwy na digon o waith i wneud o gwmpas y tŷ a'r fferm. Doedd y plant ddim yn ddieithr i weithio a helpu allan o oed ifanc.

Bu'r blynyddoedd 1935 a 1936 yn drychinebus i'r teulu Hughes. Collodd Huw ei dad ar y nawfed o Fedi 1935, a bu farw ei fam bum mis yn ddiweddarach ar yr ail ar hugain o Chwefror 1936. Roedd Jini yn feichiog gyda'i chweched plentyn pan gollwyd y ddau. Bu cymlethdodau yn ystod yr enedigaeth ac fe aned yr hogyn yn cysgu. Bu Jini yn wael iawn ar ôl geni'r babi. Mae'n debyg iddi ddioddef o thrombosis a sepsis. Gwrthododd hithau fynd i'r ysbyty oherwydd nad oedd eisiau gadael ei phlant, yn enwedig â Chrindir mor bell o bob man. Gwaetha'r modd, gwaethygodd ac fe'i gwenwynwyd. Bu farw Jini ar y pumed o Fai, 1936, yn dri deg a phedair oed. Dywedodd Netta flynyddoedd wedyn, 'Doedd mam ddim eisiau ein gadael a mynd i'r ysbyty, ond yn y diwedd fe'n gadawodd ni am byth.'

Mae'n anodd dychmygu'r effaith a gafodd y fath golled ar y teulu ifanc. Saith oed oedd yr efeilliaid, Robin a Sian, a deg oedd Guto pan fu farw eu mam. Roedd Huw nawr ar ei ben ei hun gyda phump o blant i'w cynnal a'u magu. Roedd rhaid iddo barhau i weithio er mwyn dod ag arian i mewn i'r tŷ. Gwrthododd Huw i'r plant gael eu gwahanu. Roedd yn hollbwysig iddo fod y teulu yn aros gyda'i

122   CYMRU GUDD

Jini Hughes, Crindir.

Jini a'r efeilliaid, Robin a Sian.

gilydd er mwyn i'r plant gael rhyw fath o sefydlogrwydd yn sgil eu colled. Fel y ddwy hynaf, Mada a Netta gymerodd y baich o fagu'r plant ieuengaf tra'r âi Huw i weithio. Roedd y ddwy ohonynt fel mamau i'r plant llai, a hwythau yn ddim ond pedair ar ddeg a phymtheg oed eu hunain. Gweithiodd Mada a Netta yn ofnadwy o ddiwyd yn magu eu chwaer a'u brodyr. Mae'n rhaid cofio na fu erioed ffordd yn arwain at Grindir, na chyflenwad dŵr na thrydan yno ychwaith. Roedd ffynnon nepell o'r tŷ, felly roedd rhaid cario pob diferyn o ddŵr a neges adref dros y caeau. Bu'r chwiorydd yn cario cyflenwadau a nwyddau, coginio bwyd, golchi dillad, tendio ar y plant a phob dim arall, tra oedd Huw yn ennill cyflog i'w cynnal. Roedd y brodyr hefyd yn gwneud eu rhan, a byddent yn helpu eu tad gyda'r gwaith o amgylch y fferm ac yn saethu a hela anifeiliaid i swper.

Aeth y blynyddoedd heibio, a thyfodd plant Crindir. Bu'r teulu'n byw yng Nghrindir drwy'r Ail Ryfel Byd a chyn i'r rhyfel ddod i ben mae'n debyg fod y plant hynaf wedi gadael y nyth. Ymunodd Guto â'r fyddin, aeth i'r Almaen yn gyntaf, lle cafodd ei ddyrchafu'n Sarsiant. Pan orffennodd yr Ail Ryfel Byd aeth ymlaen i Balesteina gyda'r Royal Warwickshire Regiment. Bu'n gyrru wagenni a cherbydau mawr yno ac yn hyfforddi cŵn i ymosod ar y gelyn. Doedd gan Guto ofn neb ac roedd yn filwr dewr. Mae'n rhaid fod ei fagwraeth wedi ei alluogi i edrych ar ôl ei hun. Dychwelodd yn ôl adref i Grindir yn 1946 yn ugain oed. Ni fu yno'n hir pan symudodd i

Beibl Robin, sydd bellach yn eiddo i'w ferch, Jennie. Ar du mewn y clawr mae llun dau soldiwr yn parashiwtio o awyren ryfel Brydeinig. Mae'n bosib y gwelodd Robin yr olygfa yma oherwydd doedd Penyberth, sef ysgol fomio y Llu Awyr Brenhinol ddim yn bell o Crindir. Ysgrifennodd ar du mewn y Beibl:
'Dyma'r fan lle cewch fy enw pan y byddaf wedi marw. Os darllenwch hwn yn araf, byddwch siŵr o gofio amdanaf.
Robert Hughes 1942.'

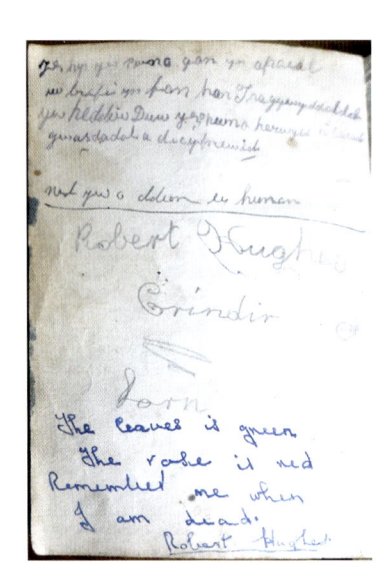

Beibl Robin a phennill a ysgrifennodd.

Guto Hughes yn 1947.

Guto yn yr Aifft gydag un o'r cŵn a hyfforddodd.

Cyfosodiad o Guto yn yr Aifft.

(Hawlfraint: Gwilym Hughes)

Gwilym, Ella a Guto, tua 1950.

Guto a'i fab Gwilym tua phedair oed. Fferm Glanrafon, Ynys Môn.

Chwilog, ar ôl sicrhau swydd yn gyrru wagenni o iard Compton's. Daeth y swydd i law drwy ei ewythr Harry Jones, sef brawd Jini, a oedd yn gweithio yno'n barod. Yna gweithiodd am gyfnod yn dreifio tanceri llaeth i hufenfa Rhydygwystl. Priododd Guto a'i wraig, Ella, ym Medi 1948, ac ymhen y flwyddyn fe anwyd Gwilym, eu hunig fab.

Prif ddiddordeb Guto oedd pysgota plu. Doedd Huw erioed yn bysgotwr, ac felly dysgodd Guto'r grefft iddo'i hun, ac at safon uchel iawn. Enillodd lawer o gystadlaethau pysgota a chipiodd amryw o wobrau a chwpanau dros y blynyddoedd. Trosglwyddodd Guto ei angerdd a'i grefft i Gwilym. Yr oedd yntau wrth ei fodd yn cael mynd i bysgota efo'i dad bob cyfle, ers pan oedd o'n ddim o beth. Roedd cefnogaeth gyson ac angerdd ei dad wedi dechrau obsesiwn pysgota a fyddai'n aros gyda Gwilym hyd y dydd hwn. O gwmpas 1962 cafodd Guto swydd fel cipar ar afonydd Seiont, Gwyrfai a Llyfni. Roedd ei wybodaeth o'r afonydd, eu bywyd gwyllt a'u cynefin yn aruthrol. Arhosodd Guto yn y swydd tan iddo ymddeol. Dirywiodd ei iechyd yng nghanol ei wythdegau a bu farw Guto yn 2015 yn wyth deg wyth oed.

Cymaint oedd angerdd Gwilym am bysgota, aeth yn ei flaen i ennill ei gap cyntaf dros Gymru yn 1983. Cyrhaeddodd y brig sawl gwaith ac ysgrifennodd ei hanes yn cystadlu'n rhyngwladol. Derbyniodd fri 'Llys

Enwogrwydd Hardy' yn sgil ei gampau. Ysgrifennodd Gwilym am ei lu atgofion ac anturiaethau ym myd pysgota yn 2019, mewn cyfrol o'r enw *Onglau Eiledol y Gasten*.

Mae'n debyg mai Sian oedd yr olaf o blant Crindir i adael gartref. Symudodd Robin i fyw i Birmingham, a dilynodd Sian o yno, o bosib o gwmpas 1949-1950. Bu'r ddau ohonynt yn gweithio ar y bysus yn y ddinas. Gyrrwr oedd Robin, a thocynnwr oedd Sian, gan nad oedd hi'n gallu gyrru. Roedd perthynas arbennig o agos rhwng yr efeilliaid. Sian oedd yr hynaf ohonynt o chydig funudau, a hi oedd â'r bersonoliaeth gryfaf o'r ddau. Er bod y ddau yn gyrru ei gilydd yn wallgof weithiau, bu wastad gariad mawr rhyngddynt. Tric Robin oedd dyfalu pryd fyddai Sian yn ffonio. Byddai'n arfer dweud wrth ei blant 'Auntie Sian will phone tonight' a byddai'n iawn bob tro.

Ymgartrefodd Robin yn barhaol yn Birmingham, ond symudodd Sian yn ôl i Grindir tua 1950-1951 a hithau'n feichiog. Roedd Sian yn ei chael hi'n anodd i ddelio â phwysau bywyd yn y ddinas ar y pryd, ac felly daeth yn ôl adref, lle'r oedd pethau'n teimlo'n saff a chyfarwydd. Roedd Huw yn byw ar ei ben ei hun yng Nghrindir ar y pryd ac fe groesawodd ei ferch ieuengaf yn ôl. Roedd dychwelyd adref i gymuned wledig, fechan, Fethodistaidd, a hithau'n disgwyl baban allan o briodas yn beth dewr iddi ei wneud. Doedd bywyd ddim wedi bod yn hawdd i Sian ond fe wnaeth y gorau ohoni. Ganwyd ei mab, Kevin yn 1951 a bu yntau fyw yng Nghrindir am ryw flwyddyn neu ddwy wedyn. Daeth Kevin a Huw i adnabod ei gilydd a thyfodd agosatrwydd rhyngddynt a barhaodd dros y blynyddoedd. Ymhen amser, symudodd Sian a Kevin i Lithfaen ac yna cyfarfyddodd Sian ei darpar ŵr, sef John Jones. Priododd y ddau a chymerodd John y bachgen Kevin fel ei fab. Gyrru coetsis a loriau oedd

Sian yn ddynes ifanc, o flaen y Gwely a Brecwast yn Llandudno lle bu'n gweithio.

Sian yn nyrsio, Ysbyty Llandudno.

gwaith John, ond fe'i hadnabid ef hefyd fel 'The Welsh Cowboy'. Bu ganddo act canu boblogaidd lle arferai wisgo fel cowboi. Roedd ganddo lais canu da yn ôl y sôn, a theithiodd ledled gogledd Cymru yn perfformio mewn cyngherddau a sioeau. Sian oedd yn gwneud y gwisgoedd iddo a'r gweiniau i'w ddrylliau! Bu sôn y dylai fynd ar y rhaglen deledu *Opportunity Knocks* ond ni ddigwyddodd hynny, gwaetha'r modd. A nhwythau'n byw yn Llithfaen, cafodd y cwpwl eu hail blentyn, Beryl, yn 1956. Ymhen sbel, symudodd y teulu i fyw yn Llandudno i John gael gwaith. Cynyddodd y gwaith gyrru coetsis, ac yn anffodus bu rhaid i'r 'Welsh Cowboy' orfod hongian ei *spurs* i fyny. Byddai Huw yn galw draw weithiau, yn enwedig pan fyddai treialon cŵn defaid yn yr ardal, a byddai Kevin yn ei gyfarfod yn y sioeau.

Gweithiodd Sian mewn nifer o swyddi glanhau dros y blynyddoedd ond cafodd lwc pan ymgeisiodd am swydd glanhau yn Ysbyty Llandudno. Yn ei chyfweliad gyda'r Metron, dywedodd wrth Sian na châi hi ddim y swydd glanhau, ond bod rhaid iddi gymryd swydd fel Nyrs Gynorthwyol. Roedd Sian wrth ei bodd! Bu ei gyrfa nyrsio yn un o uchafbwyntiau ei bywyd. Bu'n hapus dros ben yn ei swydd, a chymerai falchder mawr yn ei gwaith drwy'r blynyddoedd y bu hi wrthi. Gydag amser, cafodd Sian broblemau gyda'i hiechyd a chafodd tipyn o waeledd nerfau. Roedd tensiynau'n berwi yn ei phriodas gyda John ac ysgarodd y ddau. Aeth John i fyw yn Llandudno a chafodd drafferth yn delio â'r ysgariad. Roedd ganddo glefyd siwgr ac ni edrychodd ar ôl ei iechyd pan oedd yn byw ar ei ben ei hun. Bu farw yn sgil cymhlethdodau'r afiechyd. Bu ei farwolaeth yn ddigon

Plant Robin, sef Linda, Susan, Ann a David ar y dde, gyda Ella Hughes, a'i mab Gwilym yn y cefn. Birmingham 1960. Jennie heb gael ei geni eto.

Robin Hughes, Crindir.

i yrru Sian dros y dibyn. Dioddefodd o chwalfa gyda'i nerfau a bu rhaid iddi roi'r gorau i'w gyrfa nyrsio, a olygai gymaint iddi.

Ar ôl amser, gwellhaodd Sian a chyfarfyddodd Henry Holmes, gŵr o Landudno. Bu Sian yn nyrsio Henry am gyfnod a drwy gyd-ddigwyddiad cyfarfyddodd y ddau eto yn ddiweddarach. Priododd y ddau a chadwai'r ddau wely a brecwast yn Llandudno am flynyddoedd. Roedd Sian wedi bod eisiau rhedeg gwely a brecwast ers amser maith a châi bleser mawr yn croesawu gwesteion, ffrindiau a theulu i'w chartref i aros. Bu'n hapus iawn yno hyd ei marwolaeth yn 2003 yn saith deg pump oed.

Yn fuan ar ôl i Robin symud i Birmingham, priododd ddynes o'r enw Irene yn 1950.

Ganwyd chwech o blant i'r cwpwl, sef John, Anne, David, Susan, Linda, a Jennie. Ganwyd John yn gynamserol yn 1954 a bu farw ychydig o ddyddiau ar ôl ei enedigaeth.

Ar ôl darfod gweithio ar y bysus efo Sian, gweithiodd Robin fel *capstan operator* am gyfnod, cyn symud i yrru amryw o gerbydau i'r cyngor, ac yna gyrru lorïau i gwmni cludiant F.W. Evans. Roedd ei deulu a Chymru fach ar feddwl Robin yn aml, ac roedd yn ymweld â hwy ym Mhen Llŷn pryd bynnag y gallai. Mae ei blant yn cofio ei fod yn gwrando ar recordiau Max Boyce gefn wrth gefn am oriau bob bore Sul, ac maent yn dal i gofio'r geiriau! Pan oedd yn ddyn ifanc cafodd Robin glefyd crydcymalau (*rheumatic fever*). Effeithiodd hyn arno drwy niweidio un o falfiau ei galon yn barhaol. Yn ddiweddarach cafodd gynnig llawdriniaeth a fyddai wedi gallu achub ei fywyd. Bu ei chwiorydd yn erfyn arno i gael y driniaeth ond gwrthododd Robin. Roedd ganddo ormod o ofn risgiau'r llawdriniaeth.

Cofiodd Jennie ei mam, Irene, yn gadael y teulu am y tro olaf pan oedd hi'n saith oed. Jennie oedd yr unig blentyn oedd yn byw gartref ar y pryd, roedd ei brawd a'i chwiorydd yn hŷn ac wedi gadael y nyth. Roedd Irene wedi gadael y cartref teuluol am gyfnodau o'r blaen, ond cymaint oedd cariad Robin tuag ati, maddeuodd iddi a'i derbyn yn ôl bob tro. Gofynnodd Jennie i'w thad,

'Pryd fydd Mam yn ôl? Yfory? Wythnos nesaf?'

'Dwn i ddim' oedd ateb Robin. Un tro ar ôl i Irene adael, dychwelodd am dair wythnos. Rhoddodd ei chôt amdani un prynhawn a gofynnodd Jennie iddi lle'r oedd hi'n mynd.

'I'r siop,' meddai ei mam.

'Ga'i ddod?' holodd Jennie.

'Na chei,' atebodd Irene.

Robin Hughes yn Birmingham, tua 1960.

'Pam wyt ti'n mynd â cês efo ti?' holodd Jennie.

Cerddodd Irene allan at y car, rhoddodd ei chês ynddo a gyrrodd i ffwrdd. Roedd Jennie yn edrych drwy ffenestr y lolfa bob dydd am wythnosau wedi'r diwrnod hwnnw, gan hiraethu am ei mam a meddwl tybed pryd y byddai'n dychwelyd, ond ddaeth hi fyth yn ôl.

Drwy'r torcalon, edrychodd Robin ar ôl Jennie ar ei ben ei hun, yn union fel y gwnaeth Huw gyda'i blant flynyddoedd ynghynt. Pwysodd y teulu ar Robin i ddod yn ôl i Gymru, ond gwrthododd symud. Nid oedd eisiau ychwanegu mwy o helynt ac ansicrwydd i fywyd Jennie. Serch hynny, wrth edrych yn ôl mae Jennie yn parchu penderfyniad ei thad, ond difaru wnaeth yntau. Roedd Jennie, yn naturiol, yn meddwl y byd ohono. Yn wir, roedd Robin yn gymaint mwy na thad gofalus iddi. Roedd hefyd yn fam, yn ffrind gorau ac yn graig i'w ferch. Dangosodd gryfder aruthrol drwy'r amseroedd caled a rhoddodd sefydlogrwydd a chymorth iddi'n ddi-ffael. Golygai Robin bopeth i Jennie, 'Y fo oedd ei byd. Roedd o'n llew o ddyn.'

Ar ôl i'w mam adael, cofiai Jennie benwythnosau hir a hapus gyda'i thad. Tripiau hudolus i Gymru i weld y teulu. Buont yn gwersylla ac yn aros gyda'i chefndryd a'i modrybedd. Mae ganddi atgofion melys o fod ym Mhen Llŷn – Huw ei thaid yn rhedeg ar ei hôl o gwmpas y fferm, siarad a chanu yn Gymraeg ac aroglau bara brith. Roedd hwn yn gyfnod arbennig o hapus yn ei bywyd.

Saith mlynedd yn ddiweddarach, pan oedd Jennie yn bedair ar ddeg, synhwyrodd nad oedd iechyd ei thad yn dda. Pan ddychwelodd gartref o ymarfer côr un diwrnod, roedd ambiwlans y tu allan i'r tŷ. Rhuthrodd i mewn a gwelodd ei thad yn gorwedd ar lawr y lolfa, gyda'r parafeddygon o'i amgylch. Ceisiodd Robin dawelu ei meddwl a'i chysuro ei fod yn mynd i fod yn iawn. Dywedodd wrth griw yr ambiwlans pa mor falch yr oedd o Jennie a phopeth roedd hi'n ei wneud. Mae hyn wastad wedi bod yn atgof annwyl iddi. Bu farw Robin chwe mis yn ddiweddarach, yn 1982, yn hanner cant a thair oed, drwy drawiad ar y galon, oherwydd y falf ddiffygiol.

Sawl blwyddyn yn ddiweddarach, pan oedd Irene yn wael, cymerodd Jennie ei mam i'w chartref yng

Yr efeilliaid gyda'i gilydd am y tro olaf, ar ôl i Robin roi Sian i ffwrdd yn ei hail briodas. Bu farw Robin ychydig o ddiwrnodiau'n ddiweddarach. Tynnwyd y llun yng nghartref Sian, Llandudno, Mawrth 1982.

Mada a Sian, saithdegau cynnar.

Nghernyw er mwyn gofalu amdani ar ddiwedd ei bywyd. Cyn iddi farw, ymddiheurodd Irene i Jennie am y pethau yr oedd hi wedi eu gwneud a'r pethau yr oedd hi'n edifar ganddi am beidio â'u gwneud.

Ni chrwydrodd Mada a Netta yn bell o Grindir. Priododd y ddwy a magu eu teuluoedd ym Mhen Llŷn. Ymgartrefodd Mada ger Rhydyclafdy ac yna yn Llanbedrog. Bu Netta yn byw yn Mynytho, ond symudodd hithau hefyd i Lanbedrog yn ddiweddarach, lle bu'n cadw gwely a brecwast. Bu chwiorydd hynaf Crindir trwy lawer gyda'i gilydd, ac arhosodd y ddwy yn agos iawn am weddill eu bywydau. Gan eu bod yn byw mor agos i'w gilydd roeddent hwy a'u plant wastad yn picio i dai'r naill a'r llall am sgwrs a phanad.

Cafodd Mada ddwy o ferched, Margaret ac Eryl. Fe aned Margaret â chymorth gefel, ac oherwydd hyn ni ddatblygodd fel y dylai. Bu farw Margaret yn saith oed yn 1952. Gofalodd Mada ar ôl Huw yn ei henaint, tan y bu iddi farw o gancr y fron yn 1974, yn hanner cant a thair oed. Mae Eryl, ei dwy ferch a'u teuluoedd yn parhau i fyw ym Mhen Llŷn.

Magodd Netta bump o blant, sef Eifion, Jennie (Jean fel y'i gelwir), Irene, Kathleen a Sulwen. Gorffennodd Netta ei hoes mewn bynglo a alwodd yn Crindir. Bu'n byw yno

CYMRU GUDD 129

Netta, Guto, Sian, Robin a Mada ym mhriodas merch Robin. Eglwys y Santes Fair, Selly Oak, Birmingham, 1971.

Huw Hughes, Kate ei ail wraig, a Fflei.

Huw Hughes, Crindir, yn 82 oed. (Hawlfraint: Y Ffynnon)

Huw Hughes a'r anfad Austin A35. (Hawlfraint: Y Ffynnon)

gyda'i merch Jean, a fu'n wael iawn pan oedd yn ferch ifanc. Gofalodd Netta'n dyner amdani tan i Netta farw yn 2004 yn wyth deg un oed.

Does wybod yn union pam na phryd yr aeth Crindir yn wag, ond tybir mai o gwmpas 1952-1953 ydoedd. Huw a Jini a'r teulu oedd y rhai olaf i fyw ynddo. Rhentodd ffermwr lleol o'r enw William Griffith y tir am sbel, a bu'n defnyddio'r tŷ i storio tatws. Ar ôl ymadael â Chrindir, symudodd Huw i bentref y Ffôr, lle bu'n ffermio yn Nhyn Lôn am gyfnod. Ailbriododd gyda dynes o'r enw Kate Williams yn 1954 ond trawodd trasiedi eto pan y'i lladdwyd hi mewn damwain modur ger Pwllheli.

Enillodd Huw ei barch yn y Ffôr mewn dim o amser. Roedd wastad yn crwydro i dai ei ffrindiau yn ei hen Austin A30. Byddai'n gosod ei hun o flaen y tân gan wneud ei hun yn gartrefol. Wedi llenwi ei bibell â baco a'i thanio, byddai'n sgwrsio'n hamddenol a diddanu â'i straeon helaeth. Un stori roedd Huw yn hoff o'i hadrodd oedd yr un am Jini ac yntau yn mynd i brynu hwch i'r fferm ar gefn moto-beic. Wrth ddychwelyd adref, roedd Jini yn eistedd ar gefn y beic yn cario'r hwch ifanc yn ei breichiau. Wrth iddynt fynd i fyny'r allt, roedd cymaint o bwysau ar y cefn nes cododd tu blaen y moto-beic a syrthiodd Jini a'r hwch yn glewt ar y ffordd. Byddai Huw yn chwerthin bob tro wrth gofio'r olygfa.

Wedi iddo ymddeol, symudodd Huw i fwthyn bychan yn Llangybi. Bu'n byw yno'n annibynnol ond roedd Guto a'i wraig, Ella, wrth law yn Chwilog i ofalu am ei anghenion. Cafodd yr hen Austin A30 ei newid am A35, ond prin yr oedd yn gallu gweld dros y llyw. Pryd bynnag y galwai Huw yn Chwilog gyda'i ddillad golchi, roedd yn bosib ei glywed yn bell cyn ei weld, oherwydd fod injan yr Austin bach yn gwichian o dan bwysau wrth fynd lawr yr allt yn 'second gêr'. Mae'n bosib na welodd y car druan gêr uwch erioed. Yn wir, roedd Huw yn boendod ar ffyrdd Pen Llŷn am flynyddoedd, ond doedd yn hidio dim am hynny. Cyrhaeddodd Huw Sioe Nefyn un tro gan frolio bod rhes hir o geir wedi ei ddilyn yno yr holl ffordd, ond gwyddai pawb yn iawn mai'r rheswm am hyn oedd oherwydd bod Huw yn gyrru fel malwen. Roedd ei hanes yn ddihareb yn ardal Llangybi. 'Fuost ti'n Crindira' fyddai pobl yn ddweud am yrru'n ara deg.

Oedd, roedd Huw yn greadur direidus. Yn ddyn ffraeth, yn llawn straeon a hiwmor, er yr amseroedd caled a gafodd yng Nghrindir. Bu'n sionc ar ei droed hyd at ei henaint. Teimlai'n gaeth yn Llangybi ond diolchai am ei gar oedd yn ei gludo ar y tripiau byr i fan hyn a fan draw i weld ei ffrindiau. Roedd hi'n gwestiwn a oedd yn saff i yrru pan aeth i oed. Un tro cymerodd Guto y car oddi arno ar ôl deall fod Huw wedi bod yn gyrru gyda teiars moel ar y car, ac yntau i fod yn swatio gartref ar ôl dôs o'r ffliw. Serch hynny, byddai Huw yn dod o hyd i ffyrdd i ddengid yn yr Austin am ryw antur i rywle. Pan roddodd y gorau i yrru yn y diwedd, byddai'n cyfarfod ei ffrindiau ar y fainc ger y ffordd fawr. Arferai eistedd am oriau yn rhannu straeon a sgwrsio efo'r hen stejars tra gwibiai'r traffig heibio. Roedd cap stabal wastad ar ei ben ac yn ei geg rhyw ddau ddaint i gadw cwmni i'w gilydd. Pan fu farw Huw, fe gollodd cefn gwlad gymeriad unigryw. 'Coblyn o gymeriad' oedd geiriau Eryl am ei thaid. Ac fel y dywedodd Wil Parsal am ei hen gyfaill, 'Fel pob dyn bach, mae o'n llanc.'

Hunodd Huw ar y chweched ar hugain o Chwefror 1980 yn wyth deg a thair oed. Fe'i claddwyd gyda ei rieni, Jini, a'r baban a gollasant. Mae eu man gorffwys olaf mewn llecyn prydferth yn edrych dros y caeau gleision at Grindir.

Os Nad Yw Yn Fawr, Mae O'n Ddigon

Os nad yw yn fawr mae o'n ddigon
I drechu holl arwyr gwlad Llŷn;
Os nad yw yn fawr mae o'n ddigon
I drechu Now Parciau ei hun.

Ym mhrofion cŵn defaid y Morfa
Daeth llwyddiant eithriadol i'w ran,
A'r gwylwyr yn gwledda wrth wylio'r
Ddarpariaeth rhwng Crindir a Ffan.

Mi drechodd bencampwyr y Gogledd.
Mi drechodd bencampwyr y De;
Wil Bwlch, a Bwlch Ffordd a'r hen Abram,
Mi rhoddodd nhw'i gyd yn eu lle!

Roedd Crindir yn 'cool' fel 'cucumber'
A pherffaith ddisgyblaeth ar Ffan,
A'r Saeson yn sisial mewn syndod.
"By gum, what a cute little man."

Enillodd y cwpan yn hwylus,
A phawb wedi teimlo i'r byw –
Nid teimlad o sen nac eiddigedd
Ond teimlad o barch i'r hen Huw.

Y fo yw yr hyna o'r hogia
Sy'n rhedeg cŵn defaid yn awr.
A chymryd ei oed i ystyriaeth,
Roedd hon yn gampwriaeth go fawr.

Y cwpan i'r dde yn y darlun
Pan oedd ef yn ieuanc a ffôl
Enillodd dair gwaith yn olynol,
Dros hanner can mlynedd yn ôl.

Wrth golli mae Huw yn fonheddwr,
Un pwyllog, di-rodres, di-sŵn,
Mae o a Now Parciau reit debyg,
Ffyddloniaid eisteddfod y cŵn.

Cymeriad yn caru'r encilion,
Gŵr ffraeth ei arabedd yn wir.
Ond tydio yn resyn fod cymaint
Ohonynt yn darfod o'r tir?

Rhwydd hynt, fy hen gyfaill amryddawn,
A fagwyd fel finnau yn Llŷn,
Y sawl nad yw'n gyfaill i Crindir
Mae rhywbeth o le ar y dyn.

Wil Parsal

Jini, Huw a Sian yn dal y gwpan enillodd Huw mewn treialon cŵn defaid.

Netta yn eistedd, a Mada yn sefyll, Crindir.

Guto Hughes yn ŵr ifanc.

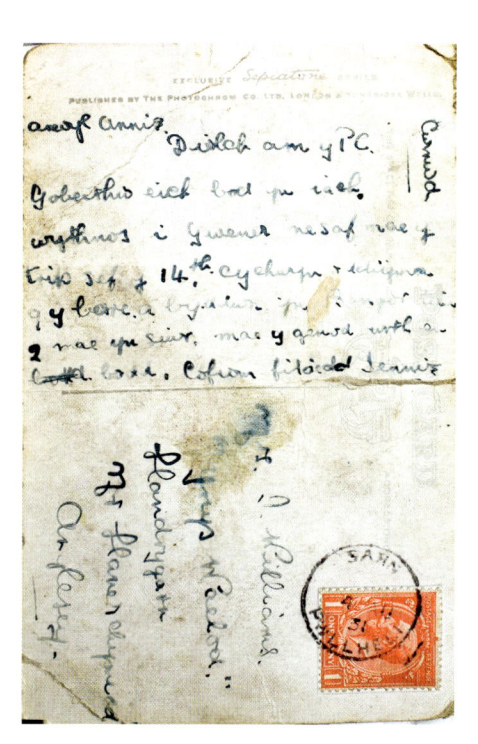

Cerdyn post gan Jini at ei chwaer Annie, 1931.

CORLWYNI, ERYRI

Cwt paentio Cherita yn yr ardd, gyda rhai o'i brasluniau a'i hoffer paentio yn dal yno.

Michael a Cherita yng Nghorlwyni.

Tan yn ddiweddar, bu'r bwthyn diarffordd hwn yn gartref cysurus i Michael a Cherita a fu'n byw bywyd syml, tawel a phreifat yma am oddeutu trigain mlynedd. Roeddent yn byw bywyd cynnil iawn pan symudodd y ddau i Corlwyni yn y chwedegau cynnar. Yn ôl y sôn, roedd Cherita mor fanwl a chysáct nes y byddai'n pwyso'r bwyd y byddai'n ei roi i'r cathod pob diwrnod. Erbyn iddynt heneiddio, penderfynasant gael gwasanaeth trydan a dŵr i'r tŷ i wneud bywyd ychydig yn haws.

Botanegwr oedd Cherita. Mae ei gwybodaeth fotanegol eang a'i hangerdd tuag at blanhigion i'w gweld o amgylch yr ardd. Tyfodd rywogaethau o rododendron arbennig a phlanhigion ecsotig eraill a wnaeth yr ardd yn amryliw. Cyfarfyddodd Michael pan oedd yn gweithio fel gwyddonydd garwriaethol mewn canolfan ymchwil yn ne Lloegr lle roedd Michael yn gweithio fel garddwr.

Yn ogystal â bod yn arddwr, roedd Michael yn grochenydd o fri a hyfforddodd o dan Bernard Leach, y crochenydd byd-enwog. Byddai Michael yn creu ei grochenwaith yn y sied sydd i'w gweld yng nghefndir y prif lun. Yma roedd yn taflu a phobi'r darnau mewn odyn a adeiladodd ei hun. Byddai'r darnau a oedd wedi eu pobi yn cael eu paentio yn eu tro gan Cherita. Byddai'n creu offerynnau cerddorol yn y sied hefyd. Yn bennaf bu'n saernïo liwtiau ac organau tannau (*virginals*) sef math o offeryn allweddfwrdd sy'n perthyn i deulu'r harpsicord – roedd gofyn bod yn ofalus a thrylwyr wrth eu creu. Ar ben hynny, pan oedd yn byw yn Corlwyni, fe astudiodd Michael ar gyfer dwy radd, mewn Llenyddiaeth Saesneg ac mewn Cerddoriaeth. Wrth gwrs, cafodd hyn ei wneud drwy'r post.

CYMRU GUDD 135

Roedd Cherita yn gymeriad cryf a allai droi ei llaw at sawl peth gwahanol. Roedd hi'n arlunydd a phaentiwr dawnus. Yn ogystal â phaentio crochenwaith Michael, roedd hi'n gwneud lluniau a phortreadau dyfrlliw yn ei stiwdio fechan ger y tŷ. Byddai'r ddau yn gwerthu eu gwaith mewn sioeau a marchnadoedd lleol. Roedd hi'n gogydd da hefyd ac yn gallu gwneud i ychydig o fwyd bara.

Er bod y ddau yn byw bywyd gweddol breifat, roeddent yn hoff o gymdeithasu ac roedd ganddynt gymysgfa eclectig o ffrindiau. Byddai ffrindiau o'r cyfnod cyn iddynt symud i Corlwyni yn dod i'w gweld ac roeddent yn arfer cynnal gwersi paentio gydag athro yn Corlwyni ar brynhawniau Sul.

Er bod Corlwyni yn anghysbell, roedd Michael a Cherita yn cadw'u bys ar byls pynciau'r dydd a materion cyfoes drwy ddarllen papurau newydd. Roeddent yn bobl ddiwylliedig ac yn ddarllenwyr brwd. Dros y blynyddoedd roedd Brian, sef ffermwr oedd yn amaethu'r tir o amgylch Corlwyni, wedi dod yn ffrind agos i'r ddau. Byddai'n galw yno'n gyson ac yn helpu gyda phob math o bethau o gwmpas y tŷ ac yn mynd â nhw i siopa ac ati.

Series 1 Land Rover fyddai'n mynd â Michael a Cherita i bob man. Am flynyddoedd lawer bu rhaid iddynt barcio'r Land Rover yn iard eu cymydog, gan gerdded gweddill y siwrnai adref ar hyd y caeau, yn aml â'u hafflau'n llawn bwyd a nwyddau. Cafodd y trac i'r tŷ ei adnewyddu yn y blynyddoedd diwethaf, ond roedd rhaid croesi rhyd o raddfa serth a fedyddiwyd *the staircase* a chaeau corsiog i gyrraedd y tŷ. Roedd yn dipyn o sialens i'r Land Rover a Michael a oedd erbyn hynny yn ei wythdegau cynnar. Pan oeddent yn croesi'r rhyd at y tŷ, a'r afon yn uchel, byddai'r dŵr yn rhuthro i mewn drwy waelod drws y Land Rover ac allan yr ochr arall!

Corlwyni, Gaeaf 1976. (Hawlfraint: Michael Cole)

Cherita a'i ffrind bore oes, Jane, yn gweithio yn y caeau. Bu Jane yn cynorthwyo Michael a Cherita yn eu henaint. (Hawlfraint: Jane Easden)

136

Michael gyda un o'r wiwerod a ddofodd.
(Hawlfraint: Jane Easden)

Michael a Cherita.
(Hawlfraint: Jane Easden)

Gofalodd Michael am Cherita pan afaelodd alzheimers ynddi gwpwl o flynyddoedd cyn ei marwolaeth. Oherwydd bod Corlwyni'n anghysbell, aeth hi'n anodd i Michael ofalu amdani, yn enwedig gan ei fod yntau yn ei wythdegau ac â phroblemau iechyd ei hun. Arferai Cherita grwydro pan nad oedd Michael gyda hi, ac felly, yn sgil ei salwch, ei hoedran a'i simsanrwydd, bu'n rhaid gwneud y penderfyniad anodd i adael Corlwyni a symud i'r pentref agosaf.

Roedd ffarwelio â'i chartref annwyl yn anodd i Cherita ac oherwydd nad oedd Michael yn gallu rhoi'r gofal arbenigol oedd ei hangen arni, bu rhaid iddi symud i gartref gofal. Wedi colli Cherita, bu Michael fyw am ddwy flynedd arall yn y pentref cyn iddo yntau farw. Doedd gan Michael a Cherita ddim plant ac felly pan fu farw Michael fe roddwyd y tŷ i Brian. Mae Brian yn cadw defaid Cymreig yn y ffordd draddodiadol ar y tir a'r mynydd o gwmpas Corlwyni o hyd. Yn sicr, mae'r lle mewn dwylo diogel. Mae Brian wrthi'n atgyweirio'r tŷ er mwyn ei gadw'n gyfan at y dyfodol. Mae'n dda gwybod y bydd Corlwyni yn goroesi, heb ddadfeilio fel llawer lle tebyg iddo.

Mae'r golygfeydd mynyddig o'r llecyn gwledig yn syfrdanol o hardd, ac yn bell o fwstwr unrhyw briffyrdd a llwybrau sathredig. Prin nad oes ôl dyn i'w weld o'r tŷ i unrhyw gyfeiriad. Dwi wedi colli cyfri o'r lleoliadau yn y gyfrol hon lle rydw i wedi dweud 'Taswn i mond efo'r pres i'w brynu' ond mae Corlwyni yn wir yn ddarn bach o nefoedd ar y ddaear.

CYMRU GUDD 137

OERDDWR UCHAF, BEDDGELERT

'Yr oedd cyrraedd Oerddwr ar unrhyw adeg o'r dydd yn brofiad od a dieithr hefyd, ac yn newydd bob tro. O ba gyfeiriad bynnag y llwybrech, deuai'r lle i'r golwg yn sydyn dros ryw ymyl - rhywbeth fel codi'r llen ar olygfa newydd.'
T. H. Parry-Williams

Roedd y ffermdy ynghudd yng nghanol y mynyddoedd.
Bu'n gartref i'r teulu Hughes hyd at 1958.

Olwyn ddŵr ar ochr y tŷ. Mae'n bosib y byddai'n pweru offer y llaethdy gynt.

Saif ffermdy Oerddwr yn uchel ar y llethrau uwchben bwlch Aberglaslyn, rhyw ddwy filltir i'r de o Feddgelert ac nid nepell o bentref bychan Nantmor yng Ngwynedd. Mae llwybr troed serth yn arwain yno o gyfeiriad Aberglaslyn a hen ffordd drol arw ac anwastad yn troelli tua'r Oerddwr o gyfeiriad Nant Dŵr Oer. Mae'n rhaid dringo ato o bob cyfeiriad. Oddi yno, ar ddiwrnod clir, mae'n bosib mwynhau golygfeydd godidog am filltiroedd. Wedi cyrraedd pen uchaf y lôn drol ac Oerddwr yn y golwg, sylwch ar gaerfryn fechan gydag waliau cerrig o'i hamgylch. Pen y Gaer yw enw'r lloc amddiffynnol hwn o'r Oes Haearn. Mae olion aneddleoedd wedi eu gwasgaru ar yr ucheldiroedd anial hyn. Ymddengys Oerddwr yn gymharol fodern o'i gymharu ag olion ei unig gymdogion hynafol. Cofnodwyd y ffermdy gwyngalchog fel adeilad rhestredig Gradd II ac mae'n dyddio'n ôl i naill ai ddiwedd y ddeunawfed ganrif neu flynyddoedd cynnar y bedwaredd ganrif ar bymtheg.

Does neb yn byw yn Oerddwr rŵan, er i ambell i gymeriad anturus drigo yno am gyfnodau dros y blynyddoedd diwethaf. Ni fu dŵr tap na chyflenwad trydan i'r ffermdy erioed ac mae'n amhosib dreifio car cyffredin i fyny'r trac. Arferai'r gŵr olaf a fu'n byw yno gario ei fwyd a'i nwyddau o'r siop mewn pac ar ei gefn. Roedd hyn yn golygu cerdded pob cam i fyny'r trac serth sydd yn codi i uchder o bron saith can troedfedd am dros filltir. Fel y dywedodd T. H. Parry-Williams yn ei ysgrif, 'Oerddwr': 'Nid galw y byddai, nac y bydd, neb yno, ond cyrraedd.'

Y rhai olaf o hen deulu Oerddwr i fyw yno oedd Frank ac Olwen Hughes a'u mab Heddwyn. Fe fagwyd Frank yn Oerddwr, yn un o wyth o blant i'w rieni, Elizabeth (Betsi) a John Hughes, sef John Richard, William Francis, Catherine (Kate) Olwen, Hugh Llewelyn, Mair Myfanwy,

CYMRU GUDD 139

Frank Wyn, Morfudd Mai ac Alun Ellis. Arhosodd Frank gartref i ffermio ar ôl i weddill ei frodyr a'i chwiorydd adael y nyth. Symudodd Frank a'i deulu o Oerddwr Uchaf yn 1958 i ffermio Teiliau Bach yng Nghwm Teigl, Llan Ffestiniog.

Roedd teulu Betsi a John Hughes yn ddiwylliedig iawn ac roedd sawl un o'r plant, fel y rhieni, yn gallu barddoni. Y mwyaf adnabyddus ohonynt oedd y bardd gwlad, William Francis Hughes (1879-1966), neu William Oerddwr. Cyhoeddwyd llawer o'i waith mewn papurau newydd gan ei gyfaill Carneddog (Richard Griffith) a drigai nid nepell o Nantmor. William oedd yr unig un o deulu Oerddwr i gyhoeddi casgliad o'i waith sef *Caniadau W. Francis Hughes (William Oerddwr)* a gyhoeddwyd yn 1954. Crwydrodd gryn dipyn yn ystod ei fywyd. Teithiodd i America at Kate, ei chwaer, lle bu'n byw am oddeutu deuddeng mlynedd yn gweithio mewn mwynfeydd. Gweithiai'n galed iawn am ran o'r flwyddyn ac yna byddai'n crwydro rhwng llyfrgelloedd ar hyd a lled y wlad, cymaint oedd ei awydd i'w ddiwyllio'i hun. Roedd yn saer coed crefftus hefyd a phan ddychwelodd adref o America, bu'n gweithio yn atgyweirio tai yn ardal Beddgelert. Fe'i gorfodwyd i ymuno â'r fyddin ar gychwyn y Rhyfel Byd Cyntaf ac fe apeliodd i'r tribiwnlys ar sail ei fod yn wrthwynebydd cydwybodol. Ofer fu ei gais. Roedd y cwbl yn boen meddwl iddo a cheir awgrym o'i wewyr a'i brofiadau'n brwydro yn y Somme yn Ffrainc yn ei soned

Mangl yn rhydu yn y beudy.

'Syrffedu'. Ym mlynyddoedd olaf ei fywyd, ymgartrefodd Wil gyda'i frawd Frank a'i wraig, Olwen, a'u plentyn, Heddwyn yn Nheiliau Bach. Mae plac uwchben drws ei hen gartref i nodi ei fan geni.

Gŵr arall o bwys oedd â'i wreiddiau yn Oerddwr oedd y bardd T. H. Parry-Williams (1887-1975). Roedd Parry-Williams yn gefnder i feibion a merched Oerddwr gan fod eu mamau yn chwiorydd. Byddai Parry-Williams a'i deulu yn ymweld â'r Oerddwr yn aml o'u cartref ym mhentref cyfagos Rhyd-ddu. Yn wir, roedd wrth ei fodd yn treulio cymaint o amser â phosib yno ac o gofnodion y cyfnod, mae'n amlwg fod gan deulu Oerddwr feddwl mawr ohono yntau. Soniodd Parry-Williams yn ei ysgrif 'Oerddwr': 'Bûm yn Oerddwr laweroedd o weithiau o bryd i bryd, ar fyr dro neu hir aros, ar bob tymor o'r flwyddyn, ac mi wn, i raddau, deithi'r lle. Profiad rhyfedd oedd cychwyn yno, rhyfeddach fyth oedd cyrraedd, a rhyfeddaf oll oedd bod yno. Pan ddringwn tuag yno, byddai pob math o feddyliau araul a dychmygion clir yn ymddeor yn fy mhen.'

Wrth i'r Rhyfel Byd Cyntaf ymledu drwy Ewrop, roedd Parry-Williams, fel ei gefnder, yn wrthwynebydd cydwybodol ond yn wahanol i William, bu Parry-Williams yn llwyddiannus yn ei apêl ger bron tribiwnlys. Serch hynny, ac yntau yn ddarlithydd yn y Gymraeg, denodd ei achos gryn sylw yn y papurau newydd. Yn y cyfnod hwn, bu Oerddwr yn lloches iddo. Cafodd gefnogaeth, cysur a

Cofeb i William Francis Hughes uwchben drws y tŷ.

gwaith ar y fferm i'w gadw'n brysur. Yn Oerddwr gallai ddianc rhag mwstwr y byd a rhai o'i bobl ragfarnllyd. Drwy gyfnod y rhyfel, meudwyodd fwyfwy i'w noddfa ddiarffordd ymysg y mynyddoedd llonydd.

Nodwedd arbennig o hanes Oerddwr yw'r gyfrol enwog o loffion teuluol sef *Llyfr Melyn Oerddwr*. Bu'r llyfr yn eiddo i Morfudd Mai Hughes, un o blant yr Oerddwr. Rhwng ei gloriau mae cerddi gan amryw o aelodau'r teulu, gan gynnwys Parry-Williams. Ynddo hefyd mae llythyrau, lluniau teuluol, toriadau o bapurau newydd gan gynnwys hanesion a llwyddiannau'r teulu, cardiau post a llu o gyfarchion gan ymwelwyr a ddaeth i'r Oerddwr dros y blynyddoedd hyd at 1958. Ceidwad y gyfrol hollbwysig hon hyd at ei farwolaeth yn Awst 2022 oedd Heddwyn Hughes, Teiliau Bach, sef mab Frank, a'r aelod olaf o'i deulu i drigo yn Oerddwr. Mynnodd Heddwyn fod *Llyfr Melyn Oerddwr* yn aros yn nwylo'r teulu, ond cytunodd i gopi ffacsimili gael ei wneud o'r llyfr i'w gadw yn y Llyfrgell Genedlaethol. Yn dilyn marwolaeth Heddwyn,

Y Popty Bach

Cychwynnais o'm cartref i'r rhyfel mawr
A phecyn y drin yn drwm ar fy nghefn;
'Roedd Mam wedi codi cyn toriad gwawr
Rhag ofn na châi 'ngweled yn fyw drachefn.
'Roedd hi y pryd hwnnw yn gref ac yn iach
A minnau yn llesg a'm gruddiau yn llwyd;
Ond cadwai damaid 'n y Popty Bach
Rhag ofn y dychwelwn ac eisiau bwyd.
'Rwyf wedi dychwelyd ers llawer dydd
I fyny i Oerddwr yn ôl i'w chwrdd,
Ond buan ces innau y profiad prudd
O weled ei chychwyn hithau i ffwrdd,
Unig wyf heno, a thrist yw fy nghân,
A gwag ydyw'r Popty yn ymyl y tân.

William Oerddwr

mae'n debyg mai i'r Llyfrgell y daw'r gwreiddiol hefyd. Bydd nid yn unig yn gofeb i deulu arbennig, ond hefyd yn drysor cenedlaethol pwysig ac unigryw.

Detholiad o 'Marwnad Ddychmygol i Bob Owen, Croesor':

Ac wedi i minnau fyned
I orffwys ddydd a ddaw,
Beth bynnag fydd fy nhynged
Ar lannau'r ochor draw,

Rwy'n siwr, pe cawn fy newis,
Os ydyw'r ffaith yn ffôl,
Y deuwn i'm cynefin
I Oerddwr yn fy ôl.

William Francis Hughes

Y storfa'n orlawn o atgofion y dyddiau a fu. Gweler gwellau cneifio, pladurau, pennau caib, llifiau a chlorian ymysg pethau eraill.

Trawst ym meudy Oerddwr Uchaf, lle naddodd T. H. Parry-Williams flaenlythrennau ei enw dros ganrif yn ôl.

Teulu Oerddwr Uchaf yn ystod cynhaeaf gwair, Gorffennaf 1916. O'r chwith i'r dde, gwelir Frank ar y drol. O flaen y drol mae William Francis (cafodd ddod adref o'r fyddin dros dro i helpu gyda'r cynhaeaf gwellt), a'i dad John Hughes. Wrth draed John mae Jim y ci. Ar y dde i John mae ei ferch, Morfudd Mai, T. H. Parry-Williams yn plethu ei freichiau, a Betsi Hughes. (Llun o Lyfr Melyn Oerddwr)

Golygfa o ben yr hen lôn drol sydd yn arwain at Oerddwr Uchaf.
'Nid daear mo'r ddaear yno, nid haen o bridd;
Mae ansylweddoldeb dan donnen pob cae a ffridd.'
'Oerddwr' gan T. H. Parry-Williams

CYMRU GUDD 143

EGLWYS SANT PEIRIO, RHOSBEIRIO

Eglwys Rhosbeirio

Yng nghysgod llwydlas y gwyll,
erys hirsgwar ynysig yn ninad man.
Heddiw'n bedair wal a tho'n
cartrefu pryfaid cop,
tawedog yw'r dydd a'r nos
tu ôl i bedol noeth o gewri masarn
nad oes dim i'w gael o'u dringo.

Tra bo'r ffenestri
wedi'u ceulo â briciau llwyd,
lliain o lwch dros allor wag
a'r drws mawr ar glo,
gorwedd hedd marwaidd,
yn drai i lanw chwe chanrif o'i hoes.

Ond, wrth i'r nos ymhél,
treiddia ynys euraidd
o ganol yr ias.
Cip o gysur plwyfol y ddoe mwyn –
allor hael ei hebyrth,
porth heb oriad i'r clo,
coflaid fendithiol a gyfyd tu hwnt i frigau'r coed.

Hanner ffenestr;
llygedyn bychan o atgof
sydd ar ei gryfaf
yn nudew'r nos.

Siân Llywelyn

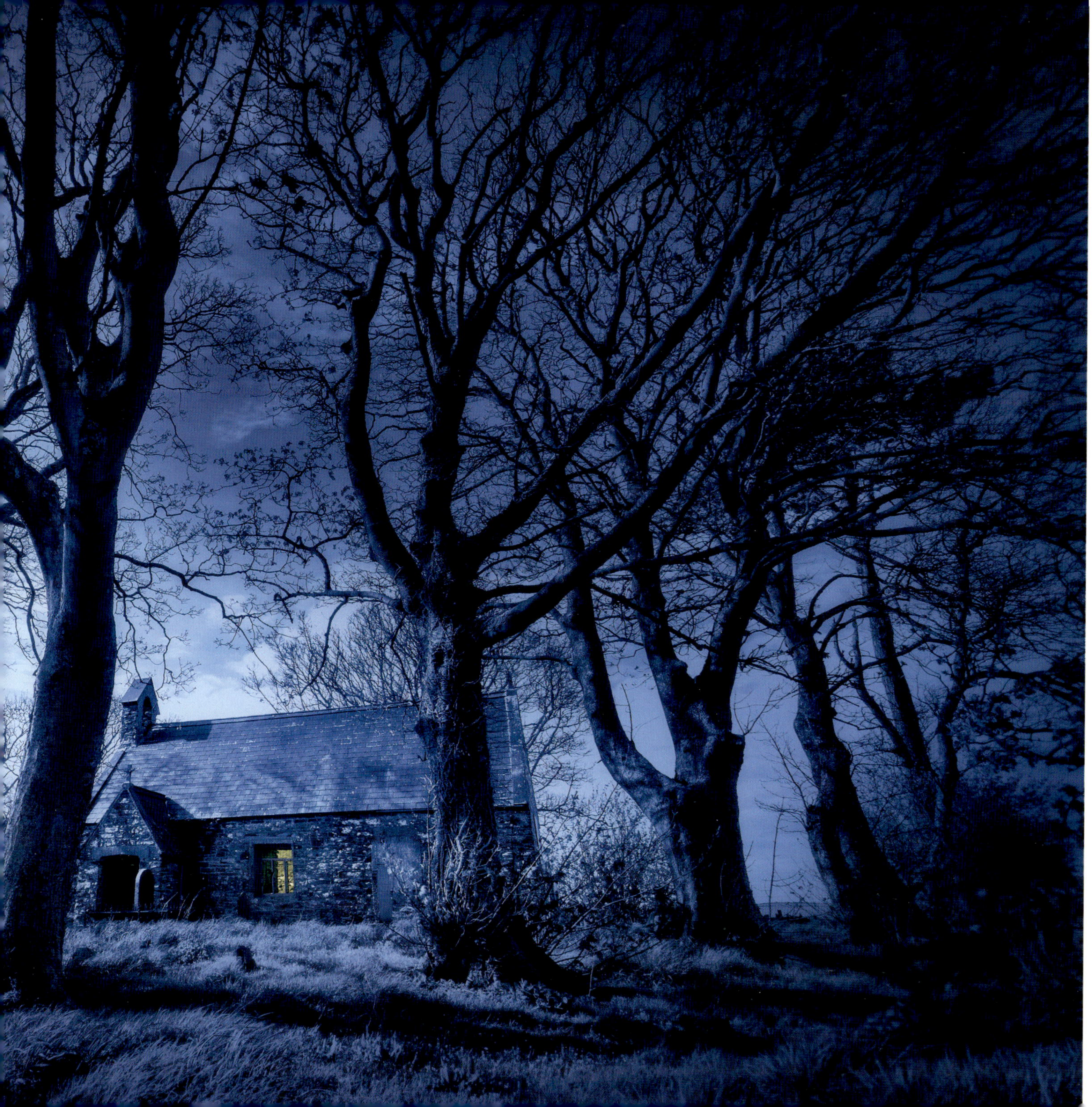

Mae awyrgylch arbennig yn perthyn i Eglwys Sant Peirio. Mae'r addoldy segur hwn wedi'i guddio mewn cornel dawel o Fôn ers y canol oesoedd. Treiddia llonyddwch a distawrwydd hudolus o'i amgylch. Lle i enaid gael llonydd.

Caewyd Eglwys Rhosbeirio dros ugain mlynedd yn ôl. Saif yr adeilad cofrestredig Gradd II mewn mynwent goediog, fechan yn edrych dros Fôr Iwerddon. Mae'n bosib fod eglwys Gristnogol wedi cael ei sefydlu ar y safle hon cyn belled yn ôl â'r seithfed ganrif, ond tybir nad yw'r eglwys bresennol yn hŷn na'r bymthegfed ganrif. Adferwyd yr Eglwys yn 1812 ac eto yn hwyr yn y bedwaredd ganrif ar bymtheg pan osodwyd to newydd arni. Ariannwyd y gwaith gan yr Arglwydd Stanley o Alderley a gafodd dröedigaeth i Islam. Un o'i amodau ar y cyfraniad ariannol oedd fod manylion Islamaidd yn cael eu cynnwys yn yr adferiad. Yn sgil hynny mae ffenestri'r eglwys yn cynnwys patrymau geometrig o wydr amryliw. Gosodwyd yr un amod gan yr Arglwydd Stanley pan adferwyd yr eglwys gyfagos, Eglwys y Santes Fair, Bodewryd yn 1867.

Er i Eglwys Rhosbeirio gau ei drws, fe'i hagorwyd ar Orffennaf yr ugeinfed, 2002 i gynnal priodas merch leol.

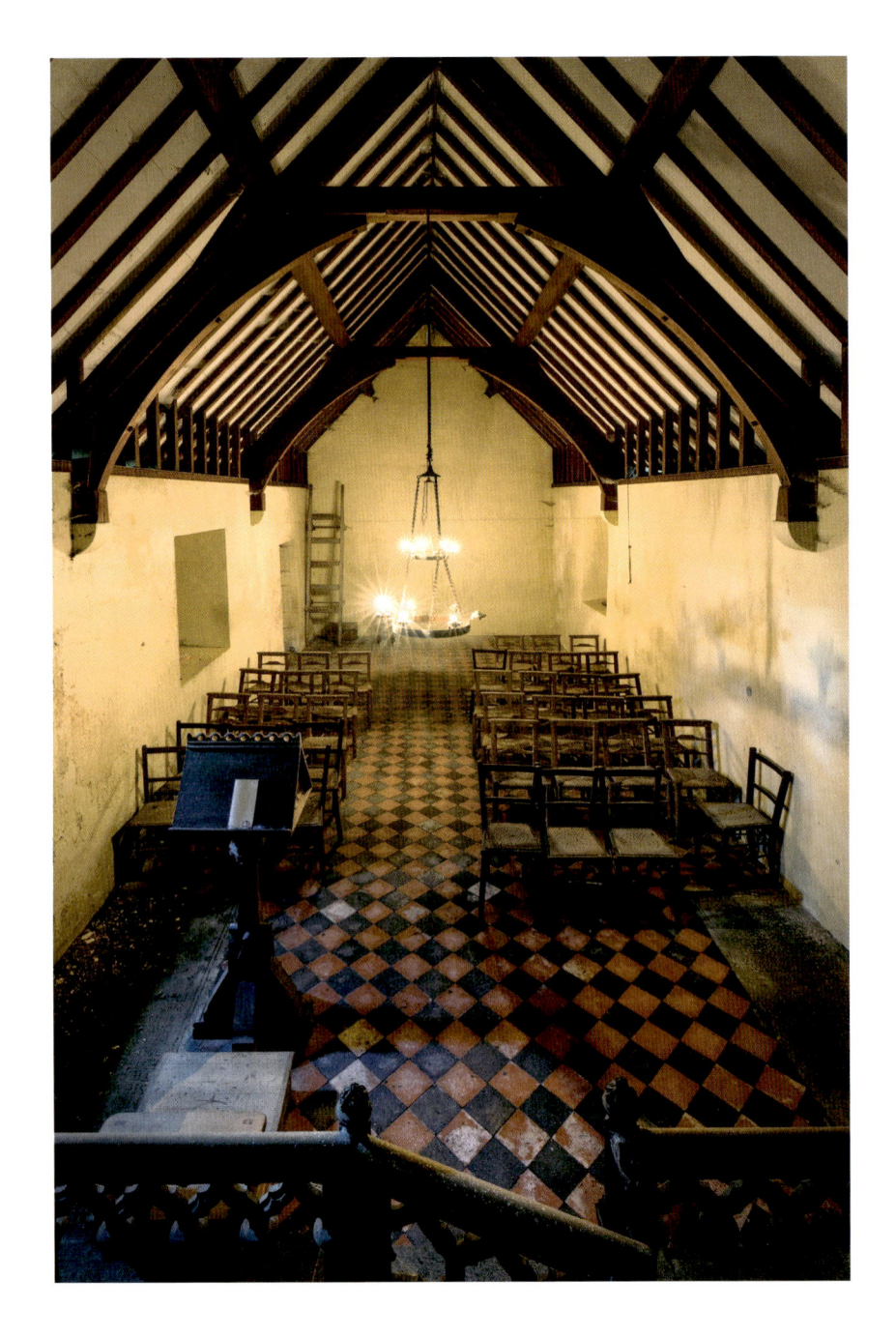

ISLE OF MAN, LLANRHUDDLAD

Isle of Man, 2020.

Dick Hughes ar ei BSA gyda'i ffrind Tom Davies o Lanfaethlu. (Hawlfraint: Una Fromel)

Yr enw Saesneg anarferol ymysg llu o enwau Cymraeg ar fap o Fôn a ddenodd fy sylw at Isle of Man yn y lle cyntaf. Roeddwn ar y ffordd i dynnu lluniau melin ddŵr hynafol ym mhen pella'r ynys pan sylwais ar yr enw. Roedd rhaid i mi dorri'r siwrnai i gael cip sydyn ar y lle ac ymchwilio. Wedi parcio'r car a chodi'r pac camera, cychwynnais gerdded ar hyd y ffordd, gan feddwl tybed a oedd posib gweld Ynys Manaw o'r lleoliad ar ddiwrnod clir? Ai dyna'r rheswm pam y cafodd y tŷ ei enw anghyffredin? Roedd yr ateb am ddod yn amlwg yn fuan iawn.

Y munud y gadawais y ffordd a phlannu'n nhroed yn y cae cyntaf, roeddwn mewn slwj, baw gwartheg a llyn o ddŵr hyd at dop fy esgid, nes mod i'n sglefrio ar hyd y lle. Llithrais fy ffordd drwy dri neu bedwar

Catherine Hughes yn y canol gyda'i dwy ferch. Annie ar y chwith a Catherine (Kitty) ar y dde gyda'i merch Eunice.
(Hawlfraint: Una Fromel)

Hugh Hughes. (Hawlfraint: Una Fromel)

John 'Jack' Hughes. (Hawlfraint: Una Fromel)

cae tebyg, cyn cyrraedd yr adfail yn gacen o fwd at fy mhengliniau.

Fuodd yna erioed ffordd na llwybr yn arwain at Isle of Man. Pan oedd yn ifanc, roedd yn rhaid i Richard Hughes, neu Dick Isle of Man fel y'i gelwir, adael ei foto beic yn y cae ger y ffordd, a cherdded drwy'r caeau at ei gartref. Hynny yw nes iddo gyfarfod ei ddarpar wraig. Doedd gan Edna ddim llawer i ddweud wrth foto beics, felly gwerthodd Dick ei BSA a phrynodd gar modur yn ei le.

Ganwyd Dick yn 1916, yr ieuengaf o bump o blant i Henry a Catherine Hughes. Ei frodyr a'i chwiorydd oedd Annie (1907), Hugh (1909), John 'Jack' (1912) a Catherine 'Kitty' (1914). Symudodd y teulu i Isle of Man yr un flwyddyn ag y ganwyd Dick, gan dalu rhent blynyddol o ddwy bunt ar bymtheg a deg swllt (tua £1,490 yn arian heddiw) ar y fferm o dri deg erw.

Cerddai Catherine y filltir a hanner i bentref Rhydwyn bron bob dydd i ymweld â'i theulu, a galw yn siop y pentref i wneud neges, cyn cerdded yn ôl am Isle of Man trwy'r caeau gwlyb. Pob dydd Sul cerddai'r teulu i gapel Rhydwyn yn eu welingtons.

Bu'r teulu yn byw'n hapus yn Isle of Man tan 1945, pan fu rhaid iddynt symud oherwydd gwaeledd Henry. Ni fu neb fyw yno ar ôl hynny. Symudodd y teulu i Fryn Bwa, Rhydwyn, lle bu farw Henry ddwy flynedd yn ddiweddarach.

Ni wn hyd heddiw a yw'n bosib gweld yr Isle of Man o Isle of Man, Môn, ond clywais yn ddiweddarach mai'r tir gwlyb sydd yn amgylchynu'r tŷ a roddodd ei enw iddo. Arferai'r cymdogion yn fferm y Berth ddweud bod yr hen le union fel yr Isle of Man: 'Hawdd i'w weld, ond yn gythreulig o anodd i'w gyrraedd.'

Y teulu Hughes tu allan i Isle of Man tua 1938. O'r chwith i'r dde – Henry Hughes, John Hughes (tad Henry), Hugh Hughes, Catherine Hughes ac Eunice (merch Kitty a wyres i Henry a Catherine).
(Hawlfraint: Una Fromel)

Una Fromel (merch Dick Hughes) yn Isle of Man, 1997.
(Hawlfraint: Una Fromel)

CYMRU GUDD 149

TYDDYN CRYDD, LLANGADWALADR

Nid oes cof lleol o unrhyw gryddion erioed yn Nhyddyn Crydd, a does dim esboniad arall ar gof a chadw am darddiad yr enw ychwaith. Fel y bythynnod a fu'n gymdogion i Dyddyn Crydd ar un adeg, roeddynt yn perthyn i Stad Bodorgan, ac roeddynt yn dod gyda chydig o dir i'r tenantiaid.

Fe anwyd a magwyd John Price, sydd bellach yn ei wythdegau, yn Nhyddyn Rhydderch, y bwthyn agosaf i Dyddyn Crydd. Ty'n Rhydderch yw'r unig fwthyn yno heddiw sydd ddim yn adfail a gyda phobol yn dal i fyw ynddo. Bu John yn byw yno dan 1958 pan adawodd yn ddeunaw oed i astudio gwaith crefft yn y coleg. Ei dad, Alf Price, oedd becar Aberffraw.

O gwmpas 1942 tan tua 1950 roedd tenantiaeth Tyddyn Crydd gan athro o Loegr o'r enw Gordon Clatworthy a'i deulu. Roedd yn berchen ar gar Morgan 3-Wheeler ac mae John yn cofio'r hwyl gafodd o a'i ffrindiau yn teithio ynddo a'r hwd i lawr. Yn ddiweddarach symudodd Mr Clatworthy a'i deulu i ddysgu yng nghyffiniau Bae Colwyn. Bu'r bwthyn yn wag am gyfnod wedyn, cyn i'r teulu nesaf symud i mewn. Credir mai o gwmpas canol yr 1960au y symudodd y teulu olaf o Dyddyn Crydd.

Ffermwr yn byw gerllaw ym mwthyn Pen Lôn oedd Tom Hughes, ac yn ogystal â gweithio'r tir yno, bu'n ffermio Tyddyn Crydd hefyd. Bu Tom a'i wraig Kate yn byw ym Mhen Lôn am flynyddoedd maith. Roedd gan Tom un fuwch odro, ac o honno y câi'r teulu Price eu llefrith bob dydd o'r flwyddyn. Roedd hefyd yn pori ychydig o ddefaid, tyfu llysiau, ac yn berchen caseg o'r enw Bess. Roedd gan John feddwl y byd ohoni.

Caeau i dyfu cnydau a phori oedd yn Nhyddyn Rhydderch, a chodi ŷd fyddai'r dynion o gaeau Tyddyn Crydd. Pan oedd yn hogyn ysgol byddai John Price wrth ei fodd yn helpu'r dynion gyda'r cynaeafu. Arferai diwrnod dyrnu fod yn ddiwrnod mawr yno, gyda rhyw hanner dwsin o ffermwyr lleol yn dod yno i helpu. Ar ôl torri'r gwair yng nghae Tyddyn Rhydderch, cyfrifoldeb John fyddai mynd tu ôl i Bess efo'r chwalwr er mwyn sychu'r gwair. Wedyn byddai Tom yn rhoi'r gribin wair i'w thynnu ganddi ac yn gosod y rhes gyntaf yn rhenciau. Yna byddai John yn mynd ar y gribin a gyrru Bess i fyny ac i lawr y cae. Yna byddent yn gosod y gwair yn styciau cyn ei gario i'r das, a Bess wrth gwrs yn tynnu'r drol.

Roedd tro yn y ffordd oedd yn mynd heibio Tyddyn Rhydderch a Phen Lôn. Fe'i hadnabyddid yn lleol fel 'Gongol Bwbach'. Yn ôl y sôn, roedd straeon bod ysbrydion drwg yn y fan honno. Roedd tair giât yno ac os byddai'r gwynt yn chwythu o ryw gyfeiriad penodol, byddai sŵn chwibanllyd, annaearol i'w glywed yno. Gofynnodd rhywun i John unwaith a oedd Tyddyn Rhydderch wedi ei enwi ar ôl gŵr o'r un enw, neu yntau ai tyddyn yn rhydd o'r erch (ysbryd drwg) oedd o? Hynny yw, yn glir o arswydion 'Gongol Bwbach'!

Mae John Price yn byw yn Machynlleth ers blynyddoedd, ac mae ganddo lawer iawn o atgofion hapus o'i fagwraeth ar Ynys Môn. Gadawodd y coleg ac aeth yn athro crefftau metel a choed a gof arian cofrestredig. Yn ogystal â gwneud tarianau a llu o goronau i eisteddfodau plwyf a thaleithiol, mae John hefyd wedi gwneud saith coron i'r Eisteddfod Genedlaethol, yn cynnwys yr un a enillodd Cen Williams, awdur y gerdd wreiddiol yma am y bwthyn yn yr haidd.

Tyddyn Crydd

Wrth edrych drwy wydrau amser
  Ar gaeau Tyddyn Crydd,
Dychmygaf weld Tom Hughes a Kate,
  Cymdogion yn eu dydd.

I deulu Preis, Ty'n Rhydderch
  Lle'r oedd Becar Berffro'n byw,
A John y mab yn troi'n was bach,
  Yn ffarmwr o'r iawn ryw.

Trwy wylia ha' ieuenctid,
  Hafau poethion ar eu hyd,
Byddai yno'n cynaeafu
  Acer neu ddwy o'r ŷd.

Ei dorri a'i hel yn stycia
  Wnâi'r llefnyn, a dôi ias
I lawr ei asgwrn cefn
  Wrth arwain Bess tua'r das.

Â blinder bachgen ysgol
  Yn ei lethu ddiwedd dydd,
Ei gyflog gyda'r dynion, oedd
  Cnwswd ar gae Ty'n Crydd.

Aeth saith deg mlynedd heibio,
  Haidd heddiw'n harddu'r tir,
Ond daw dyrnwr mawr a belar
  I'w sgwrio cyn bo hir.

Pan ddelo oriau'r machlud,
  Sofl ac adladd fydd y ddôl
A John yn hel atgofion brau
  Am ddyddiau na ddaw'n ôl.

Cen Williams

Tyddyn Crydd, hwyrddydd haf, 2015.

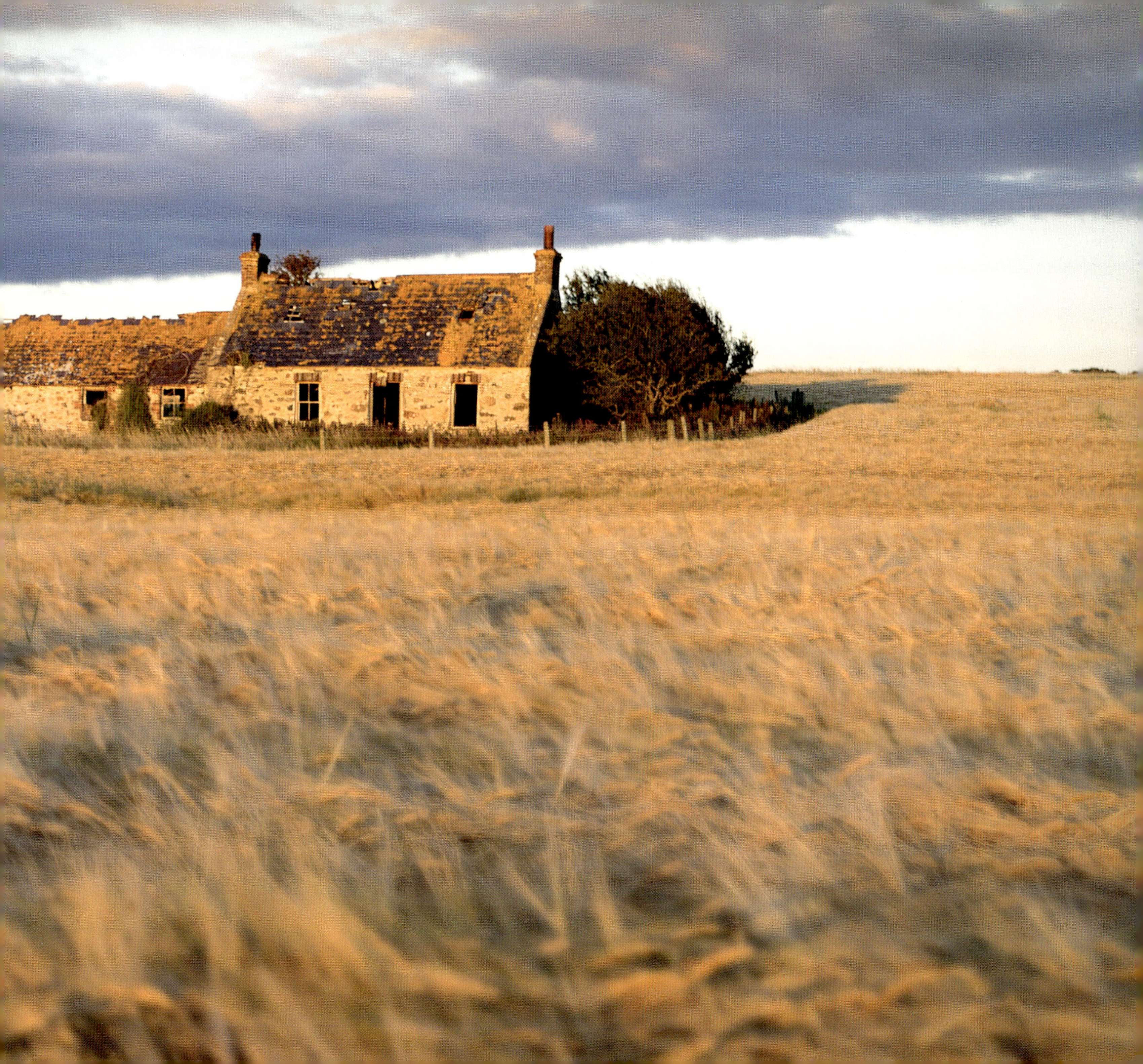

CAPEL MWD, PENYGRAIGWEN

Saif Capel Mwd, neu'r Capel Newydd i roi ei enw cywir arno, yng nghysgod y tyrbinau gwynt ger pentref Penygraigwen yng ngogledd ddwyrain Ynys Môn. Fe'i hadnabyddir fel Capel Glanrafon hefyd oherwydd bod Afon Goch yn rhedeg heibio gwaelod y fynwent. Adeiladwyd y capel Bedyddwyr presennol yn 1848 ar safle'r Capel Mwd gwreiddiol a sefydlwyd yn 1776. Roedd tŷ yno'n wreiddiol a'r bwriad oedd iddo fod yn dŷ annedd. Fe ychwanegwyd y capel yn hwyrach. Mae'r capel a'r capeldy yn adeiladau rhestredig Gradd 2 ac yn esiampl o gapel gwledig cynnar anghysbell. Credir mai Christmas Evans oedd un o'r pregethwyr cyntaf i fynd i Gapel Mwd.

Dim ond cragen yw Capel Mwd bellach – ei du mewn wedi dadfeilio. Yn ei anterth, byddai'r capel dan ei sang. Yr aelod enwocaf a fu yn ei gynulleidfa oedd Catherine Randall (1743-1828), neu Cadi Rondol fel yr adnabyddid hi gan bawb. Mae'n debyg i'r teulu Randall symud o Gernyw i Amlwch, gyda channoedd o fewnfudwyr eraill a ddaeth i weithio yng ngweithfeydd copr Mynydd Parys tua chanol y ddeunawfed ganrif. Bu Cadi'n gweithio yno o 1761 ymlaen. Trigai mewn bwthyn ar odre Dyffryn Coch, un o lecynnau'r gweithfeydd copr.

Enillodd Cadi gryn enw iddi ei hun drwy ei hymddygiad gwyllt a'i hiaith liwgar. Yn ôl ei chyfaddefiad ei hun, roedd hi hefyd yn butain, ac un go enwog yn yr ardal. Roedd Cadi'n fwy na thebol o edrych ar ôl ei hun, gan ddefnyddio ei dyrnau i setlo materion os oedd raid. Doedd ganddi ddim ofn neb na dim. Un tro cyhuddodd John Jones, un o flaenoriaid Capel Mawr, hi o fihafio'n

Hen gerdyn Nadolig o'r gweinidog, David Jones, o flaen y capel. (Llun: Eluned Jones)

anweddus a rhegi ar y stryd. Cafodd ei fwgwth â chyllell gan Cadi am ei drafferth!

Yn ôl y sôn, yng Nghapel Mwd tua 1788 y cafodd Cadi Rondol y dröedigaeth grefyddol a fyddai'n newid ei bywyd yn gyfan gwbl, er bod rhai yn dweud mai yng Nghapel Lletroed, Pen-sarn y digwyddodd hynny. Mae'n wir iddi fod yn aelod ffyddlon yng Nghapel Lletroed trwy gydol ei hoes wedi ei thröedigaeth, ond byddai Cadi yn cerdded milltiroedd ar hyd a lled yr ynys ym mhob tywydd i glywed pregethau mewn capeli eraill. Roedd hi'n dduwiol os nad yn anghonfensiynol. Collodd arni ei hun yng Nghapel Llanfaelog un tro nes iddi neidio ar un o'r seddau a'i malu.

Gadawodd Cadi ei gwaith ym Mynydd Parys ac aeth

Yr hen a'r newydd. Capel Mwd yn sefyll yn ddiymgeledd yng nghysgod y tyrbinau gwynt.

i ennill bywoliaeth yn trefnu plu ar ffermydd yr ynys. O gwmpas 1800, cafodd waith fel morwyn i John Elias, pregethwr uchel ei barch a adnabyddid fel 'Pab Môn' oherwydd ei farn ddi-flewyn-ar-dafod.

Yn ôl y sôn pan oedd Cadi ar ei gwely angau aeth John Elias a John Hughes, Ty'n Caeau, aelod ffyddlon yng Nghapel Lletroed i fod wrth ei hochr. Disgrifiwyd yr achlysur mewn baled gan Percy Hughes (1898-1962), un o feirdd gwlad mwyaf adnabyddus Ynys Môn:

CYMRU GUDD 155

Y capel a'r tŷ yn prysur ddadfeilio. Mae gweddill y fynwent yn gorwedd o dan orchudd trwchus o fieri y tu ôl i'r capel.

Tu mewn i'r capel fel ag yr oedd unwaith.
(Llun: Eluned Jones)

Sion Hughes a'i 'Haleliwia',
A John Elias fawr,
Yn danfon Cadi Rondol
Drwy borth y dwyfol wawr.

Credir fod Cadi yn gorffwys ym mynwent Amlwch. James Webster, perchennog Gwaith Asid Sulffurig Mynydd Parys dalodd am ei hangladd, ond ni thalodd

Yr Ysgol Sul (dim dyddiad). (Llun: Eluned Jones)

Cynulleidfa Capel Mwd (dim dyddiad). (Llun: Eluned Jones)

David John Jones (19-- i 1990), Hen Siop, Penygraigwen. Ysgrifennydd y capel a chodwr canu. Roedd ei dad, David Jones, yn weinidog yn y capel am flynyddoedd maith, a'i daid yntau hefyd. (Llun: Eluned Jones)

Capel Mwd fel yr oedd slawer dydd. Y llun wedi ei dynnu o'r fynwent. (Llun: Eluned Jones)

am garreg fedd iddi. Carreg fedd neu beidio, mae enw Cadi Rondol wedi goroesi yn hanes Môn hyd heddiw. Fe enwyd llwybr treftadaeth diwydiannol ar ei hôl, sydd yn arwain drwy waith copr Mynydd Parys. Yn wir, mae dywediad ar yr ynys, os bydd rhywun yn melltithio neu'n defnyddio iaith anweddus ei fod yn 'rhegi fel Cadi Rondol'.

Er gwaetha pwysigrwydd Capel Mwd i'r gymuned gefn gwlad leol, aeth yn angof ac fe ddirywiodd yn enbyd ers cau ei ddrysau am y tro olaf yn 1967. Ers tynnu'r lluniau yma o'r Capel, mae'r to wedi disgyn yn gyfan gwbl a dymchwelodd rhannau sylweddol o'r muriau. Mae'n hynod o drist gweld y capel hanesyddol hwn yn diflannu o flaen ein llygaid. Tybed beth fyddai ymateb Cadi Rondol petai'n ei weld heddiw?

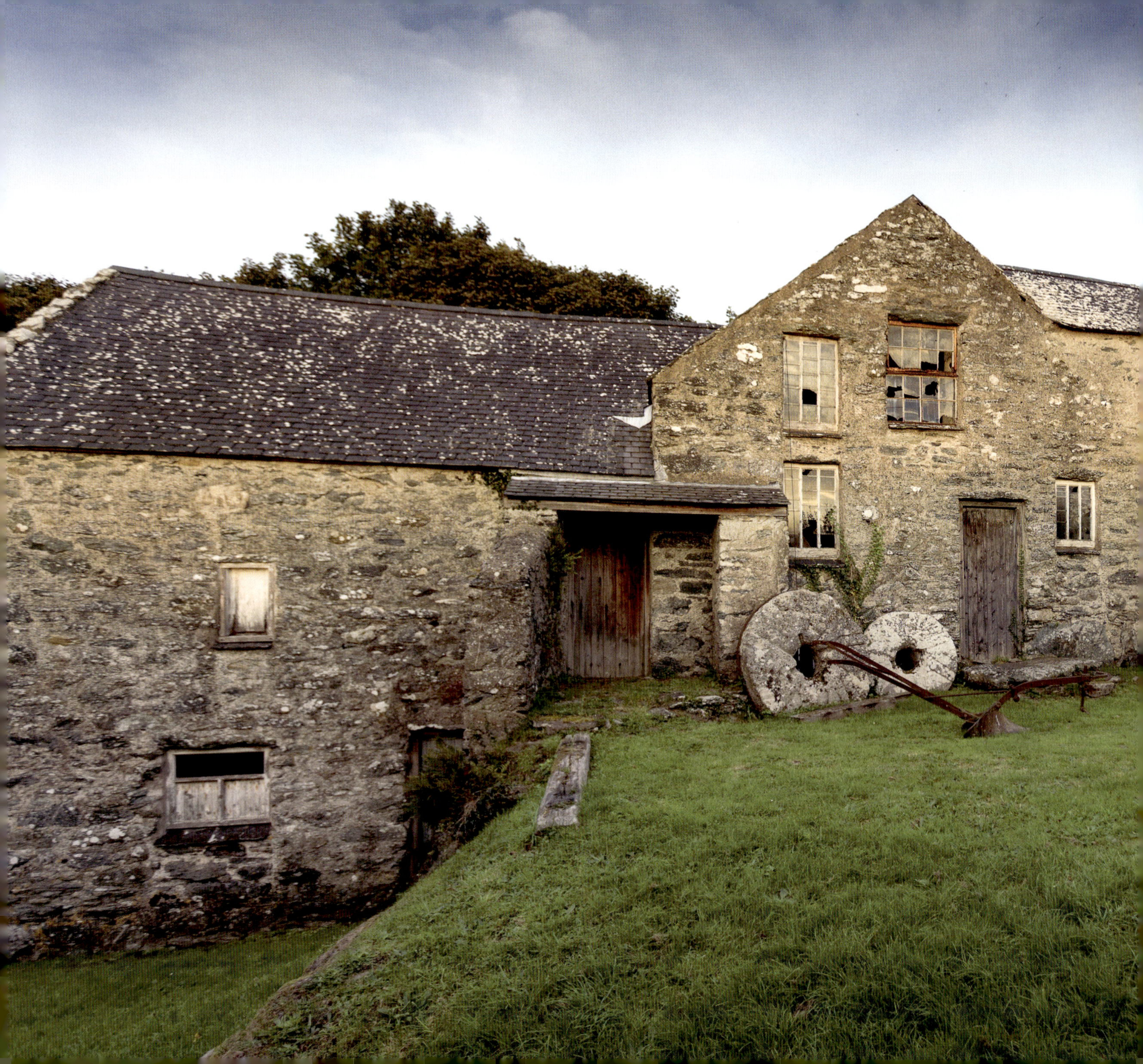

MELIN HYWEL, LLANTRISANT

Yn 1335, ceir cofnod o olwyn ddŵr yn troi ar yr union safle hwn. Does wybod ers faint cyn hynny roedd yr olwyn yn weithredol. Dros y blynyddoedd bu sawl enw ar y felin: Melin Hywel, Melin Howell a Melin Selar yn lleol, gan ei fod yn perthyn i'r fferm 'Seler' gerllaw. Hyd at flynyddoedd olaf y felin, trigai Howell ac Elizabeth Williams yn Seler, a bu'r felin yn eu teulu am bum cenhedlaeth. Yn ystod yr 1970au, hon oedd yr unig felin a oedd yn gweithio ar Ynys Môn, yn fusnes llewyrchus oedd yn cyflawni bwyd anifeiliaid.

Ar ddechrau'r bedwaredd ganrif ar bymtheg, yn ystod Rhyfel Napoleon, dihangodd bachgen ifanc o'r enw Rowland Williams o afael y *press gang* morwrol a laniodd yn ardal Porth Swtan. Daliwyd ei ffrind, ac ni welwyd mo hwnnw wedyn na chlywed sôn amdano byth. Rhedodd Rowland am ei fywyd, gan guddio mewn tas wair ger Stad Carreglwyd. Arhosodd yno nes iddo fedru gwneud ei ffordd adref yn nhywyllwch y nos. Yn 1817 ac yntau erbyn hynny yn ddyn ifanc, daeth Rowland yn felinydd ym Melin Hywel, gan ddechrau llinach o felinwyr o'r un teulu.

Melin Hywel yn 2019. Dydi'r felin ddim wedi newid fawr ers iddi gael estyniad yn 1850.

Mae tu fewn y felin wedi'i gadw fel yr oedd pan oedd hi'n gweithio. Gweler y sachau yn barod i'w defnyddio, yn hongian oddi ar y distiau.

Y meini a'r drymiau heb eu cyffwrdd ers i'r melinydd eu defnyddio am y tro olaf.

Yn ôl pob tebyg, melin fechan yn dyddio'n ôl i gychwyn y ddeunawfed ganrif oedd yr adeilad gwreiddiol, gyda'r olwyn ddŵr yn pweru un pâr o feini. Mab Rowland Williams, sef Richard Williams, sy'n gyfrifol am lawer o'r adeilad presennol. Estynnodd bob ochr i adeilad gwreiddiol y felin yn 1850. Crëwyd lle i gadw grawn, ac odyn i sychu'r grawn drwy ei gynhesu, cyn ei falu. Wrth ehangu'r felin cynyddodd y cynhyrchu blawd, ond trwy wneud hynny, roedd rhaid newid maint yr olwyn ddŵr o ddeuddeg troedfedd i bedair troedfedd ar ddeg.

Hyd ddechrau'r ganrif ddiwethaf, bu Melin Hywel yn cyflenwi anghenogion y gymuned amaethyddol leol gyda blawd. Roedd ceirch yn cael eu malu ar gyfer anifeiliaid ac i wneud bara ceirch ac uwd. Malid gwenith i wneud

Llofft y felin. Gweler yr hoper a'r system belt a fyddai wedi eu pweru gan yr olwyn ddŵr.

Llawr isa'r felin gyda pheirianwaith yr olwyn ddŵr. Byddai'r blawd gorffenedig yn dod drwy'r chutes ac yn cael ei roi yn y sachau yn y fan yma. Sylwer ar y trolis sachau a'r glorian wreiddiol.

blawd ar gyfer bara a theisennau hefyd. Arferai'r felin werthu blawd fesul cant neu hanner cant y tro, gan fod pobi gartref ar yr aelwyd yn arferiad cyffredin yn yr hen ddyddiau. Roedd bara haidd yn boblogaidd iawn yn yr ardal, a châi haidd ei falu yn y felin hefyd. Yn wir, roedd Lloyd George yn hoff o'r bara hwn ac o Felin Hywel y byddai yn cael ei gyflenwad.

Yn aml fe fyddai'r melinydd yn prynu grawn gan y ffermwyr lleol neu fe fyddai'r ffermwyr yn certio grawn eu hunain i'w falu yn y felin. Sylwer ar y llun sy'n nodi'r prisiau malu ar ddist nenfwd y felin. Yn yr hen ddyddiau telid drwy dalu toll, a golygai hyn y byddai'r ffermwr yn talu un bwysel a hanner o wenith am bob pedwar can pwys a falwyd. Byddai'r melinydd un ai'n gwerthu'r doll o rawn a dalwyd iddo, neu yn ei ddefnyddio i fwydo'r moch ar ei fferm. Daeth y drefn o dalu toll ym Melin Hywel i ben yn 1939 pan ddaeth y rhyfel a dogni bwyd, gan wneud y dull o dalu mewn nwyddau yn anghyfreithlon.

Oherwydd newidiadau yng ngofynion y felin dros y blynyddoedd, malu grawn ar gyfer bwyd anifeiliaid oedd ei phrif waith yn y blynyddoedd olaf. Malid haidd yn fân ar gerrig *French Burr* i fwydo moch yn bennaf. Malid india-corn ar gerrig Andernach ar gyfer gwartheg a moch, tra roedd ceirch yn cael eu rowlio neu eu malu ar gyfer bwyd, neu eu defnyddio mewn cymysgedd a gynhyrchid yn y felin, i rysáit y melinydd. Hyd at ddyddiau gwaith olaf y felin, tyfid y rhan fwyaf o'r grawn yma yn lleol.

CYMRU GUDD 161

Peirianwaith yr olwyn ddŵr.

Elizabeth Williams, gwraig Howell Williams. Enillodd wobr am adnewyddu'r felin yn 1978.
(Llun: Geraint Owen)

Howell Williams a Hubert Jones, y ddau felinydd yn cerdded o Fferm Seler yn y cefndir i lawr trac y fferm at y felin.
(Llun: Geraint Owen)

Bu'r felin, yn ogystal â fferm Seler, yn nwylo teulu'r Williamsiaid ers 1740 ac mae'n parhau yn y teulu hyd heddiw. Pan fu farw'r melinydd a'r perchennog, Howell Williams yn 1972, nid oedd ei wraig, Elizabeth Williams, eisiau torri traddodiad a phenderfynodd adnewyddu'r felin yn 1975, er mwyn iddi barhau i weini'r gymdogaeth amaethyddol. Cafodd y felin do llechi newydd, system drydan sylfaenol, echel newydd i'r olwyn ddŵr ac adnewyddwyd y lloriau pren. Gosodwyd grisiau newydd ac atgyweiriwyd y peirianwaith, gan roi ail oes i'r felin. Enillodd y gwaith adnewyddu wobr cadwraeth arbennig gan bapur newydd *The Times* a'r Royal Institution of Chartered Surveyors, a gosodwyd carreg ar fur y felin i gofnodi'r llwyddiant. Dilynwyd dyletswyddau Howell Williams yn y felin gan Hubert Jones, sef gwas fferm Seler ers dros ddeng mlynedd ar hugain. Pan fu farw Hubert, daeth nai Elizabeth Williams, sef Ifor Owen, yn felinydd olaf ar y felin, nes ei chau o gwmpas 1986.

Yn eu hanterth, allforiai melinau Ynys Môn gannoedd ar gannoedd o dunelli o rawn a chynnyrch grawn i'r tir mawr. Wrth grwydro'r ynys mae'n bosib gweld nifer o adfeilion y melinau hyn. Yn ystod y ddeunawfed ganrif, roedd bron i hanner cant o felinau gwynt ar yr ynys. Mae'r unig un sy'n parhau i weithio, sef Melin Llynon, Llanddeusant, yn digwydd bod dafliad carreg o Felin Hywel.

Yn 2016 rhoddwyd Melin Hywel ar y farchnad am £175,000, gyda'r gobaith y byddai perchennog newydd yn ei thrwsio a'i hadnewyddu, ar ôl i'r felin fod yn segur am flynyddoedd. Tra bu'n wag, cafodd yr adeilad ei fandaleiddio. Er gostwng ei phris yn hwyrach,

Y melinydd a pherchennog Melin Hywel, Howell Williams.
(Llun: Geraint Owen)

Y melinydd, Howell Williams wrth ei waith. (Llun: Geraint Owen)

Howell Williams yn gweithio ar un o feini'r felin. (Llun: Geraint Owen)

Howell Williams, perchennog a melinydd Melin Hywel. (Llun: Geraint Owen)

Ifor Owen yn melina. Roedd Ifor yn nai i Elizabeth Williams ac ef oedd melinydd olaf y felin. Ei fab, Geraint, sydd yn berchen ar y felin erbyn hyn. (Llun: Geraint Owen)

Howell Williams yn cael saib o'r gwaith yn llofft y felin. (Llun: Geraint Owen)

Howell Williams yn llenwi sachau gyda'i gynnyrch i'w werthu. (Llun: Geraint Owen)

CYMRU GUDD 163

ni werthwyd y felin. Mae'n bosib fod statws rhestredig Gradd II y felin, sydd yn gosod nifer o gyfyngiadau manwl ar ddatblygiad a defnydd gorffenedig y felin, wedi rhwystro ei gwerthiant. Gyda hyn ar eu meddwl, fe aeth teulu Fferm Seler at berchennog Melin Llynon gyda chynnig am y felin. Cafodd cytundeb ei daro, gyda chynlluniau cyffrous gan y perchennog newydd i gael y felin i weithio unwaith eto. Yn anffodus, yn sgil Covid 19 a'r cyfnodau clo a effeithiodd gymaint ar fusnesau ar y pryd, fe fethwyd â chwblhau'r gwerthiant. Ar ôl ystyried eu cam nesaf, penderfynodd Geraint Owen, Fferm Seler, sef mab Ifor Owen, y byddai'r teulu yn adnewyddu'r felin eu hunain, gyda chynlluniau i'w hagor fel amgueddfa ac atyniad i dwristiaid.

O feddwl bod prisiau tanwydd yn rocedu, llygredd yn cynyddu a'n planed yn gorgynhesu, nid oedd y melinau gynt angen unrhyw danwydd ffosil darfodadwy a drud

Yr olwyn ddŵr, cyn yr adnewyddu yn 1978. (Llun: Geraint Owen)

i'w pweru. Nid oeddent yn cyfrannu at lygredd chwaith. Y cyfan oedd angen arnynt oedd cyflenwad gwynt neu ddŵr – elfennau difesur, naturiol yn cynhyrchu pŵer. Byddai'n braf gweld yr olwyn yn troi eto'n fuan, ym mhob ystyr.

Mae arwydd prisiau'r felin yn dal yno, wedi ei hoelio ar un o drawstiau'r nenfwd.

CAPELI

Eglwys Llanfigangel, Cwm Pennant.

Capel Bethania, Pistyll.

Cau Hen Gapel

Gwlith gweddïau'r galon fu'n esgyn
I'r cilfwâu, cyn diferu'n ddafnau
Rhwng y seddau gweigion.

Dagrau'r Diwygiad wedi hen
Sychu'n rhychau ar ruddiau
Colofnau'r achos.

Y Beibl Mawr yn y pulpud
A'i eiriau dieithr yn disgyn
Yn dawel rhwng y pinwydd.

Adleisiau'r Gair a'r gwirionedd
Yn gwanio wrth gosi'r muriau
A neb yno i wrando.

Nodau'r tonau'n tuchan yn llafurus
Wrth ddianc yn ddigynghanedd
O grombil yr offeryn.

A fflam y Ffydd yn ffrwtian
Heb wres i gynhesu
Na chynnal cynulleidfa.

Atgof o arogl peli camffor
Fu'n mwytho surni hen siwtiau
Wrth godi i'r galeri.

Bara wythnosol yr Ysgol Sul
Yn friwsion bellach
Yn llwch atgofion yr Ysgoldy.

Ylwch yr hen dadau a'u Duw
Yn y fynwent yn ysgwyd eu pennau
Gan grïo'u dagrau i'r gwlith.

Cen Williams

Capel Bethania, Pistyll.

Capel
Bethlehem,
Cwm Cywarch.

Capel Bethlehem, Cwm Cywarch.

Capel Foel, Foel, Y Trallwng.

Capel Foel, Foel, Y Trallwng.

CYMRU GUDD 169

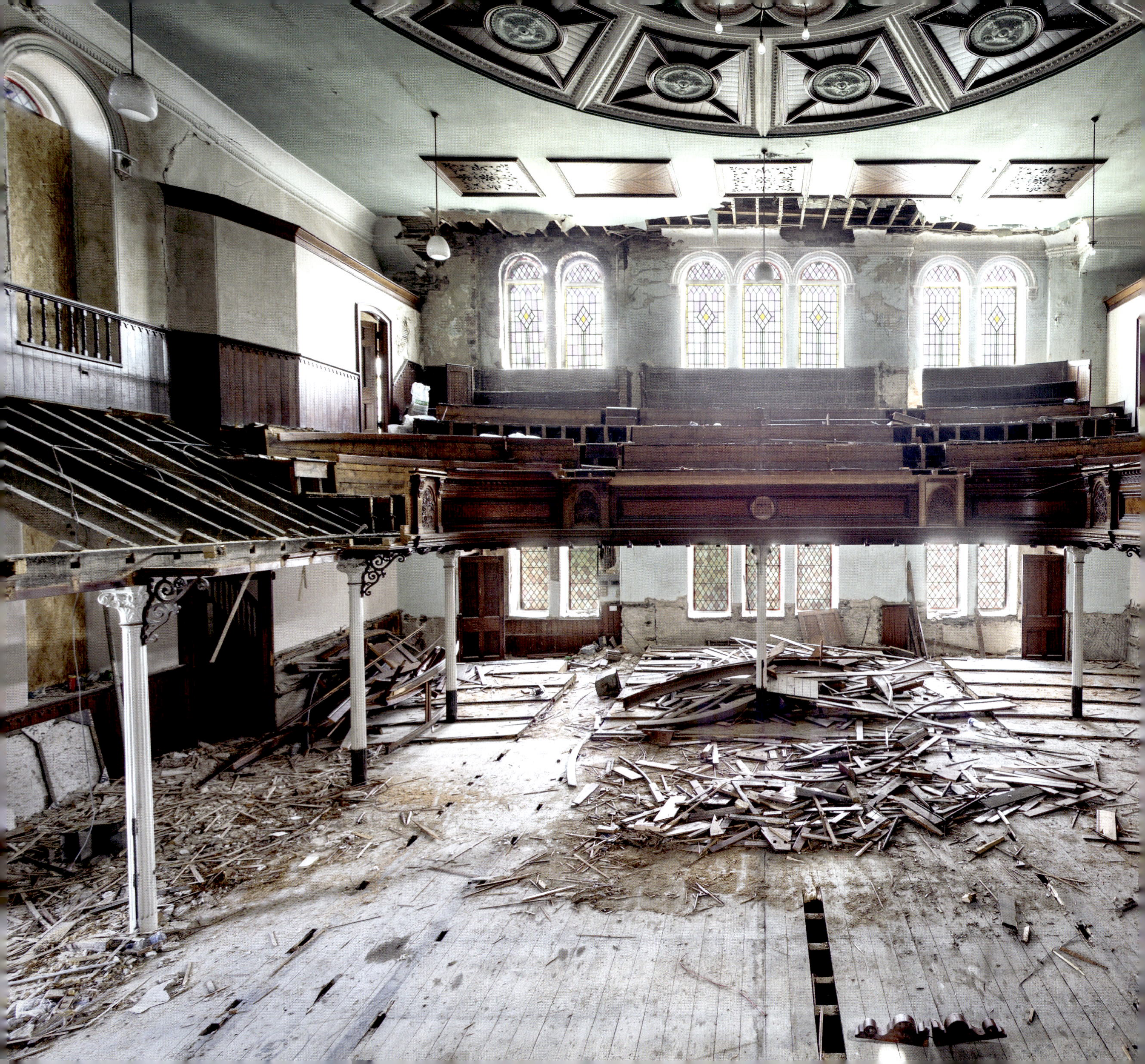

Capel Salem, Arthog.

Capel Garth, Porthmadog.

Capel Saron, Llanwddyn.

CYMRU GUDD 171

LLYFRYDDIAETH

Cae Newydd, Gwaun Cwm Brwynog

Rol Williams, *Pobol Tu Ucha'r Giât* (Caernarfon, 2001).

Caerfadog Uchaf, Cwm Pennant

'Ble Mae'r Cleddyf?', *Y Ffynnon* (Hydref 1978).

Ffatri Ferodo, Caernarfon

- https://www.dailypost.co.uk/news/local-news/remembering-friction-dynamics-strike-10-2698781
- https://www.28dayslater.co.uk/threads/ferodo-caernarfon-january-2020.121467/
- https://www.dailypost.co.uk/news/north-wales-news/remembering-caernarfon-strike-became-one-14317419

Penddelw Nelson, Caernarfon

J. E. Vincent (gol.), *The Memories of Sir Llewelyn Turner* (Minnesota, 2009).

Brynllidiart, Cwm Silyn

David Thomas, *Silyn (Robert Silyn Roberts) 1871-1930* (Lerpwl, 1956).

Gerallt Lloyd Owen (gol.), *Cofio Mathonwy* (Caernarfon, 2001).

- https://biography.wales/article/s-ROBE-ROB-1871
- https://www.ladywell-live.org/2020/10/03/from-llanllyfin-to-lewisham-and-a-meeting-with-lenin-the-life-of-silyn-roberts-a-welsh-quarryman-turned-poet-and-presbyterian-minister/
- https://www.wea.org.uk/history-wea-women-mary-silyn-roberts
- http://www.nantlle.com/hanes-nebo-nasareth-mathonwy-hughes.htm
- https://archiveshub.jisc.ac.uk/search/archives/ebd9e004-73e6-3cde-8e89-9e605c6cc2d8
- https://dyffrynnantlle.360.cymru/2021/frynllidiart/
- https://cof.uwchgwyrfai.cymru/wici/Mathonwy_Hughes
- https://ycymro.cymru/newyddion/2021/03/brynllidiart-dyffryn-nantlle-yr-unig-dyddyn-yng-nghymru-i-fagu-dau-brifardd-o-ddwy-genhedlaeth/
- https://dyffrynnantlle.360.cymru/2021/plac-coffa-brynllidiart/

Ffynnon Llyffant a Llyn Dulyn, Y Carneddau

- https://www.peakdistrictaircrashes.co.uk/crash_sites/wales/douglas-c-47b-43-48473-craig-y-dulyn/

Efail Galedrydd, Pen Llŷn

Addaswyd rhannau o'r darn am Efail Galedrydd o draethawd a ysgrifennwyd gan Huw Jones, Mochras, Boduan (ganwyd 1864). Diolch i'w ddisgynnydd, Jessie Jones am ei chaniatâd i'w ddefnyddio.
Fferm a Thyddyn, Rhif 2 (Llanrwst, 1988).

Crindir, Pen Llŷn

Daw darnau o'r testun o draethawd am Huw Crindir gan ei wyres, Einir Ellis, gyda diolch iddi.

Cafwyd caniatâd Arthur Jones, sef mab Wil Parsal, i ddefnyddio cerddi ei dad.

Daethpwyd o hyd i'r wybodaeth am James Hughes o gopi electroneg o bapur newydd *Y Goleuad*, 2 Hydref 1886 o wefan Llyfrgell Genedlaethol Cymru:

- https://newspapers.library.wales/view/4497059/4497066/30/crindir

Oerddwr Uchaf, Beddgelert

- https://britishlistedbuildings.co.uk/300020957-oerddwr-uchaf-beddgelert#.Y-ehvy-l3T8

Dr Bleddyn Owen Huws, 'Y Gyfrol Ryfedd ac Ofnadwy Honno': T. H. Parry-Williams a Llyfr Melyn Oerddwr, Darlith Goffa Syr Thomas Parry-Williams (Prifysgol Aberystwyth, 2019).

William Oerddwr, *Caniadau W. Francis Hughes* (Dinbych, 1954).

T. H. Parry-Williams, 'Oerddwr' yn *Casgliad o Ysgrifau* (Llandysul, 1984).

Tyddyn Crydd, Llangadwaladr

Gyda diolch i John Price am rannu ei amser a'i atgofion.

Capel Mwd, Penygraigwen

J. Richard Williams, *Mynydd Parys – Lle bendith? Lle melltith Môn* (Llanrwst, 2011).

- https://coflein.gov.uk/en/site/11545?term=capel%20mwd
- http://amlwchhistory.co.uk/famous-amlwch-people/
- http://parysmountain.co.uk/cadi/

Melin Hywel, Llantrisant

Wedi ei addasu'n rhannol o destun gan Séan Hagerty trwy law Geraint Owen.

Diolch i Gwyn Roberts am rannu ei wybodaeth.

J. Richard Williams, *Mynydd Parys – 'Lle bendith? Lle melltith Môn'* (Llanrwst, 2011).

- https://coflein.gov.uk/en/site/11545?term=capel%20mwd
- http://amlwchhistory.co.uk/famous-amlwch-people/
- http://parysmountain.co.uk/cadi/
- https://hillcraftguidedwalking.com/2017/02/18/217-the-carneddau-and-llyn-llyffant/
- https://aviation-safety.net/wikibase/21158
- https://steemit.com/adventure/@x-53degreesnorth/the-search-for-flight-wk129
- https://www.peakdistrictaircrashes.co.uk/tag/carneddau/

HEFYD O'R LOLFA:

DEWI PRYSOR

100 CYMRU
Y MYNYDDOEDD A FI

£19.99

CYMRU DDOE
Mewn Lliw a Llun

Gwyn Jenkins

£19.99

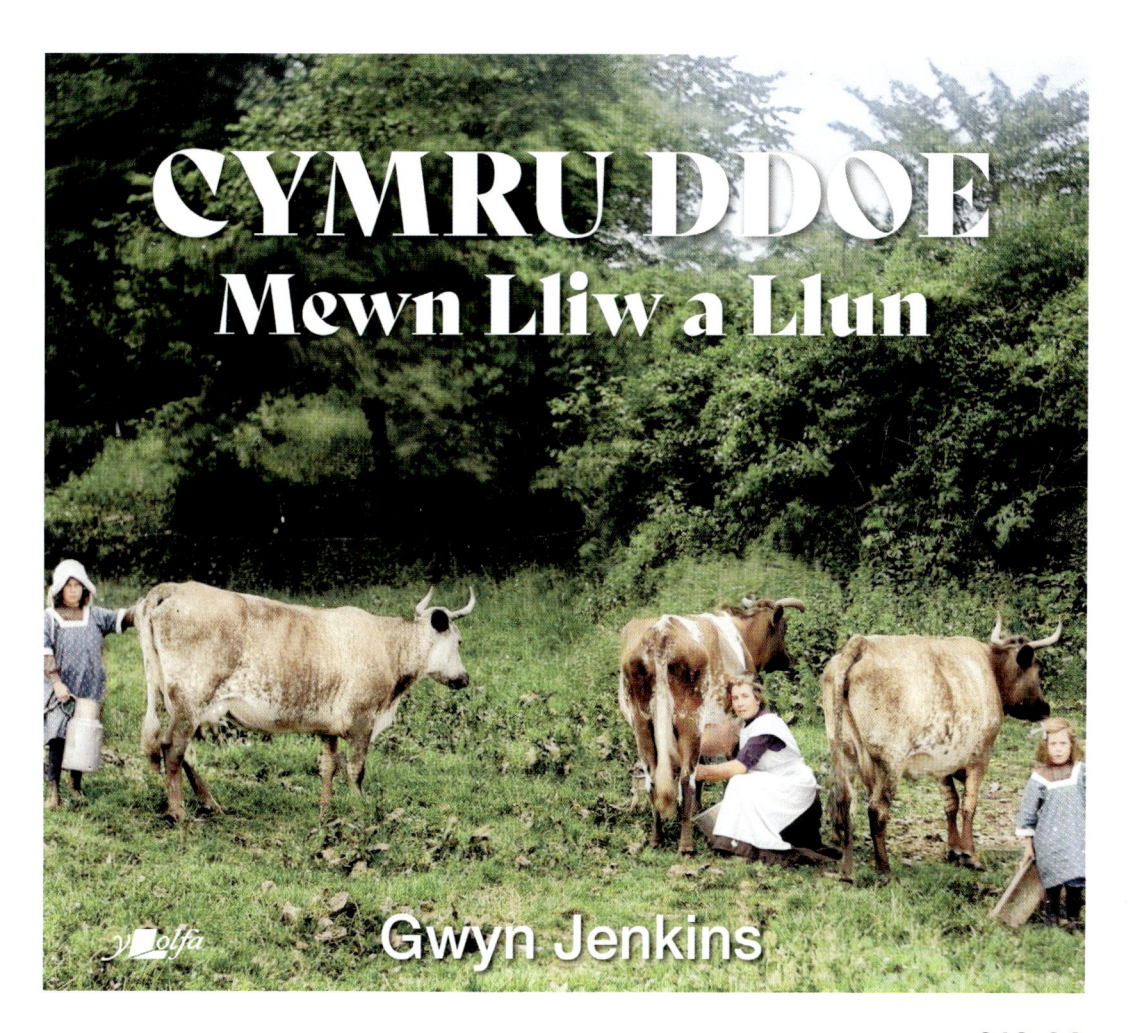

100
o Olygfeydd Hynod Cymru

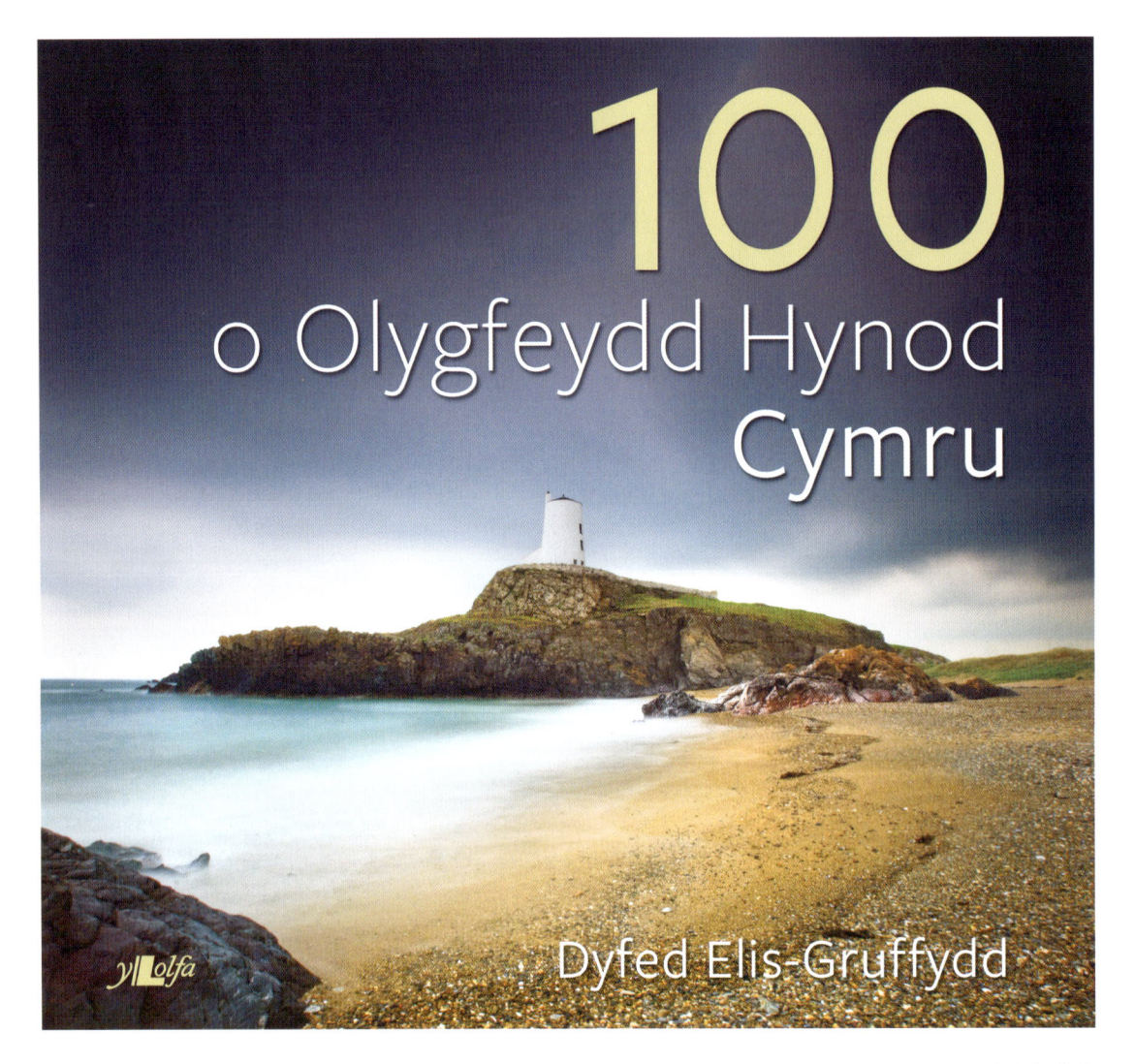

Dyfed Elis-Gruffydd

£19.95

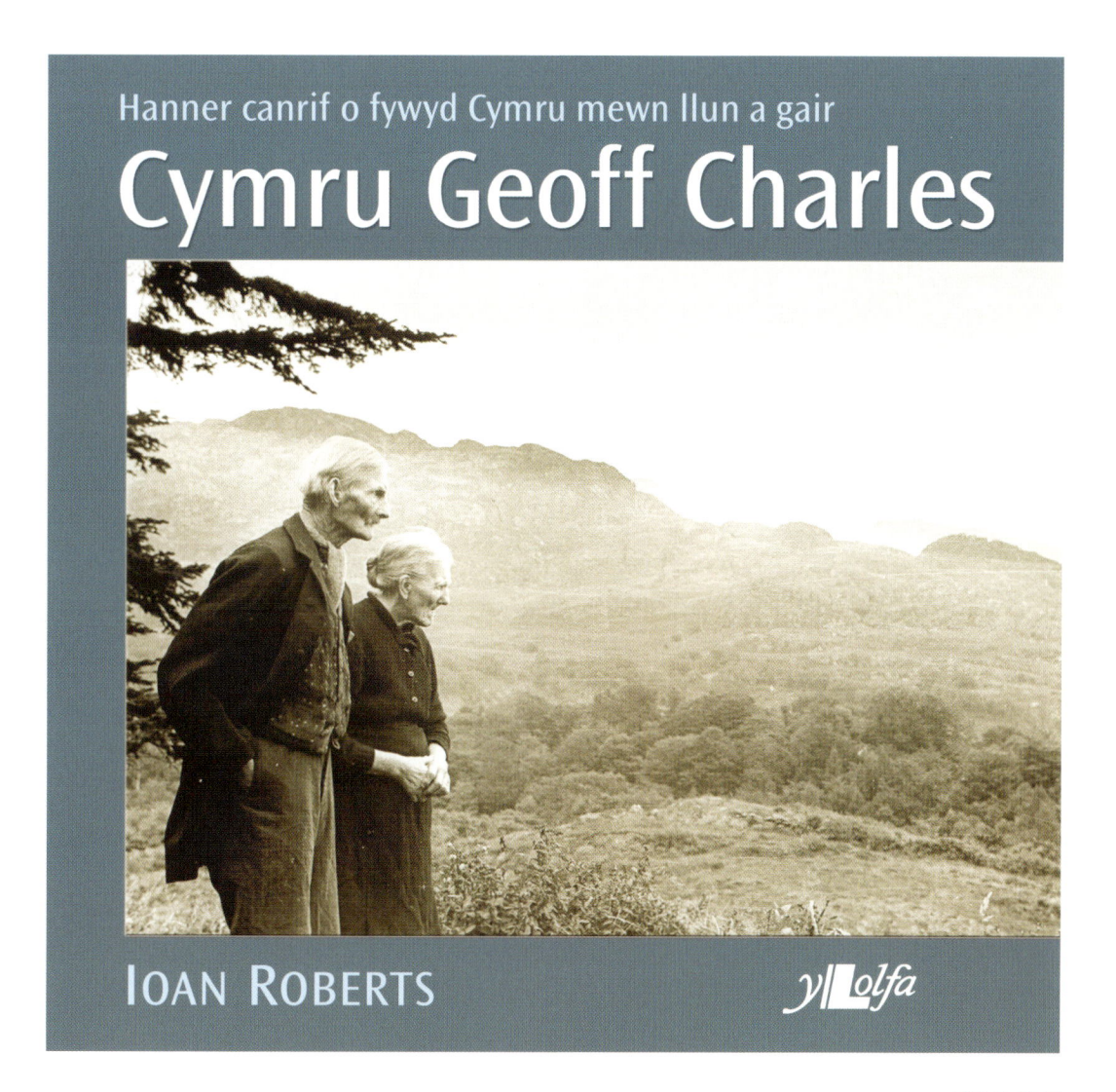

Hanner canrif o fywyd Cymru mewn llun a gair
Cymru Geoff Charles

IOAN ROBERTS

y Lolfa

£14.95

ylolfa

www.ylolfa.com